# 正義と繁栄

幸福実現革命を起こす時

RYUHO OKAWA
大川隆法

# まえがき

最近の講演会二つの内容を中心に、『正義の法』特別講義編第3弾を、ここに刊行する。コンパクトではあるが、全国民必読の「幸福実現革命」の要点が説かれている。

本書を一本貫《つらぬ》いている主張は、日本草創期の神々と、明治維新のために降臨《こうりん》した神々の化身《けしん》と、現代の幸福の科学から発信されているインスピレーションの元《もと》は同じであるということである。

国民の多数の声を正義とし、それを操作《そうさ》する大手新聞やTVのキー局が、神の仮面《かめん》をつけている実情を明確に述べた。
日本の国においても、「神なき民主主義」を正義とすることを終わらせよう。日本を北朝鮮や共産主義の中国のようにさせない、真実の自由と民主主義の政治運動こそ、「幸福実現革命」である。

二〇一六年　五月三十一日

幸福《こうふく》の科学《かがく》グループ創始者兼総裁《そうししゃけんそうさい》
幸福実現党創立者兼総裁《こうふくじつげんとうそうりつしゃけんそうさい》　大川隆法《おおかわりゅうほう》

# 正義と繁栄　目次

## 第1章　歴史の先駆者《せんくしゃ》となるために

二〇一六年四月十七日　説法《せっぽう》
京都府・宇治《うじ》市文化センターにて

# 第2章　信仰《しんこう》と繁栄《はんえい》

二〇一六年五月十一日　説法
大阪《おおさか》府・大阪城ホールにて

# 第1章

# 歴史の先駆者《せんくしゃ》となるために

二〇一六年四月十七日　説法《せっぽう》
京都府・宇治《うじ》市文化センターにて

# 1 歴史がささやいた「京都での説法《せっぽう》」

地元、京都のみなさま、こんにちは。

急ではありますけれども、京都に来たくなって（笑）、来ることにしました。来月には大阪《おおさか》での説法《せっぽう》もあるのですが（二〇一六年五月十一日説法「信仰《しんこう》と繁栄《はんえい》」、本書第2章参照）、最近あまり京都に行っていないように感じ、「一度、若葉になる前に行ってみよう」と思ったのです。歴史がささやいたので、そういう気持ちになりました。

今日（二〇一六年四月十七日）の説法には、「歴史の先駆者《せんくしゃ》となるために」

という題を頂いたのですが、あまり難しい話ができるとは思っていません。極《きわ》めて〝非論理〟的で直感的な、思いつきのような話をしたいと思います。「そのほうが、かえって分かりやすいのではないか」と考えるからです。

東京辺《あた》りで話をすると、「三段論法」ぐらいで構成しないといけないことがよくあります。そのくらい頭の細《こま》かい人が多く、ザルッと言うと、「あそこが抜《ぬ》けている」というような責め方をされるので、けっこう緻密《ちみつ》に言わないといけないのです。

一方、こちらへ来ると、「それほど緻密には言わないほうがよいのではないか」と感じるので

講演会「歴史の先駆者《せんくしゃ》となるために」の本会場風景。(4月17日、京都府・宇治《うじ》市文化センターにて)

（会場笑）、若干《じゃっかん》、ザルッと言います。私は、そのつもりで話しますので、隙《すき》がある面については、そう細かい追及《ついきゅう》をなさらないでください。

先ほど、車で宇治の市役所か何かの前を通ったら、「核《かく》兵器廃絶《はいぜつ》平和都市宣言」という言葉を掲《かか》げてあったので、「あら、宇治では核兵器廃絶なのか」と思い、「（ここで講演するのは）よかったのかなあ」などと思いながら、しばらく市内を通っていました。

そうすると、そういうものに反対するような宣伝カーが停まっていたり、その前に幸福実現党のポスターが貼《は》ってあったりして、どのようなことになっているのか、分かりにくい感じでした。

幸福実現党の釈《しゃく》党首のポスターが近場にはかなり貼ってありましたが、昨日《きのう》貼ったのか、今日貼ったのか、あるいは、ずっと前から貼ってあったのか、私には事情が分からないまま、今、ここに来ています。

そういうこともあって、「深い考えを持っておられる人と、今日たまたま、ここに来た人と、その両方が分かる程度の話でよいのではないか」と考えています。

## 2　熊本《くまもと》で起きた「震度《しんど》7の地震」が示すもの

### 緊急《きんきゅう》発刊となった『熊本震度《くまもとしんど》7の神意と警告』

ここに来る三日前、熊本《くまもと》で震度《しんど》7の大きな地震がありました（注。二〇一六年四月十四日、熊本県熊本地方を震源とする地震〔前震〕が発生し、熊本県益城町《ましきまち》では震度7が観測された。また、四月十六日にも同地方を震源とする、マグニチュード7・3の地震〔本震〕が発生した）。

それに関する本が緊急《きんきゅう》発刊となり、今日すでに、この会場で出ていると思います（『熊本震度7の神意と警告』（幸福の科学出版刊）参照）。

最近、当会では、大きな震災等があったときには、「何らかの神意があるのではないか」ということをリーディング等で調べるのが恒例《こうれい》になっています（『フィリピン巨大《きょだい》台風の霊的《れいてき》真相を探《さぐ》る』『広島大水害と御嶽山噴火《おんたけさんふんか》に天意はあるか』『阿蘇山《あそさん》噴火リーディング』『大震災予兆リーディング』『箱根《はこね》山《やま》噴火リーディング』（いずれも幸福の科学出版刊）等参照）。

これは宗教としての一つの使命かと思います。普通《ふつう》のマスコミでは取材が不可能なので、「天上界《てんじょうかい》に何らかのご意志が、あるのか、ないのか。偶然《ぐうぜん》に起きたのか。それとも、何らかの神意がそこにあったのか」ということを尋《たず》ねてみ

『熊本震度7の神意と警告――天変地異リーディング――』（幸福の科学出版刊）

たのです。

熊本で、今、現に困っている方々を非難するような趣旨《しゅし》のものではありません。私たちも、「現地の方々をお助けしたい」という気持ちでいっぱいです。

今回の地震（本震）は、「阪神《はんしん》・淡路《あわじ》大震災のときよりも、かなり大きいエネルギー量で、一・四倍ぐらいのエネルギーがあった」と言われていますが、報道を見たかぎりでは、今のところ、阪神・淡路大震災に比べれば、比較《ひかく》的、被害《ひがい》は少なめに抑《おさ》えられていると思います。

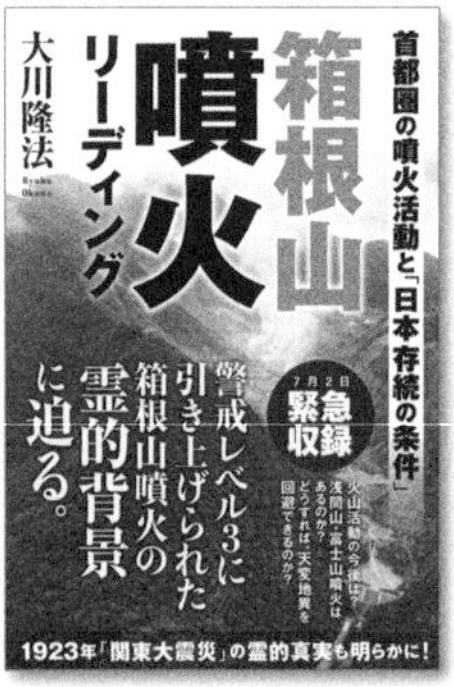


『箱根山噴火リーディング──首都圏の噴火活動と「日本存続の条件」──』（幸福の科学出版刊）

『大震災予兆リーディング──天変地異に隠された神々の真意と日本の未来──』（幸福の科学出版刊）

手前味噌《てまえみそ》になるかもしれませんけれども、「九州での幸福の科学の活動が非常に熱心なので、これがそうとう被害を抑える力になったのではないか」と考えています。

福岡《ふくおか》での最近の講演では（二〇一六年三月十三日説法《せっぽう》「時代を変える奇跡《きせき》の力」）、「近いうちに、怖《こわ》いことが起きるかもしれない」というようなことを、チラッと言ってはおいたのですが、熊本辺りでの活動も少しは活発化しているので、「一般《いっぱん》に考えられる被害よりは少なめで止《と》まったのではないか」と思っています。

## 今回の地震《じしん》は「日本神道《しんとう》の草創期の神々」の意思表示

『熊本震度《しんど》7の神意と警告』（前掲《ぜんけい》）の収録の際、霊的に問い合わせた結果、「宮崎《みやざき》や熊本は日本神道《しんとう》の発祥《はっしょう》の地なので、今回の地震は、日本神道の草創期の神々が、現在の政治に対して、何か意見があることの意思表示だ」というようなことを言われました。

そして、「日本神道の草創期の神々は、また、百五十年ほど前の明治維新《いしん》のときにも結集して、この国を変えるべく、力を尽《つ》くした方々であったのだ」とも聞いています。

その神々の一部は、地上に肉体を持ち、「維新の志士」として、この京都の地などで活躍《かつやく》され、地上での命を投げ捨てられた方も数多く入っていたと聞いています。

そういう方々が、現在、日本を取り巻く政治状況《じょうきょう》と日本の状況を見て、「一《ひと》言《こと》、意見が言いたい」と思っているのです。

彼らは、神々からの警告として、「こちらのほうに振《ふ》り向いていただきたい。少し心を天上界に向けていただきたい。民主主義もいいけれども、地上の人間だけが全部ではないのだ。あなたがたが住んでいる世界、この世だけが全部ではないのだ。あの世の世界、実在世界と言われる大きな世界があって、そのなかには、神様、仏様と言われるような、偉大《いだい》な存在がいるのだ。それを知っていますか」と言いたいわけです。

一般に認識されている、一万年ばかりの人類史のなかであっても、おそらく、九十九パーセントに近いぐらいの期間は、「神様、仏様を信じる人たちの時代」なのです。

「そういうものはない」「唯物論《ゆいぶつろん》だ」「無神論だ」などと言って、「この世だけがすべてだ。この世のものがすべて、肉体生命がすべてであり、死んだら、もう何もかもが終わりだ」というような思想が蔓延《まんえん》した時代は、今みなさんが知っている人類史のなかで、一パーセントぐらいしかないのです。

それ以前の時代についての話も幸福の科学はしていますが（『太陽の法』〔幸福の科学出版刊〕等参照）、そこまで言われると分からない方もいるので、今日は申し上げません。

「その一パーセントの時代を、今、生きているのだ」ということを知っていただきたいと思います。

## 「草創期の神々」が神剣《しんけん》を抜《ぬ》いて起こしたのが明治維新《いしん》

この時代は、物質文明が栄え、機械文明が栄えて、科学という名においては非常に進んだ時代ではあります。

日本は、明治維新《いしん》以降、科学文明も積極的に取り入れてきましたし、いつの間にか、「学問は科学的な実証性のあるものだ」というような考え方に中心点を置くようになってきました。

その結果、人間は次第《しだい》しだいに、この世の物事や、この世の物質をいじったりすることのほうに熱心になってしまいました。

そして、「神仏がいらっしゃる。人間には魂《たましい》というものがあり、ときどき、地上に生まれ変わって魂修行《しゅぎょう》をしては、本来の世界に還《かえ》っていく」という、ごく当たり前の考え、すなわち、人類史のなかで九十九パーセントの期間、人々が信じていた素朴《そぼく》な考えが、ここ百年や二百年のうちに失われてきているのです。

明治維新を成し遂《と》げた日本の神々の分身《ぶんしん》たちは、今の日本の姿を見て、この国がある意味で発展しているところについては、祝っていらっしゃると思うのですが、もう一方においては、「かたちだけの西洋型文明を取り入れて、日本本来の心を失ってしまったのではないか」という、深い深い憂慮《ゆうりょ》の念を持っておられると思います。

京都は、神仏を信じる「千年の都《みやこ》」ではないですか。その「千年の都」で、なんと、今、「唯物論の共産党が強い」というではないですか。いったい、どうなっているのですか。

唯物論ばかり言っていて、京都の歴史的な遺産が、もし、今回の地震で被害を受けた熊本城のようになったら、どうするのですか。物だけだったら、崩《くず》れれば、それで終わりです。そして、「なんだ、仏さんも壊《こわ》れるのか。なんだ、お寺も壊れるのか。神社も壊れるのか。それで終わりか」ということになります。

そんなものでよいのでしょうか。そんなものではないでしょう。

「永遠のもの」を人々に知らしめるために、神社仏閣《ぶっかく》ができ、仏や神が祀《まつ》ら

熊本城への道をふさぐ崩れた石垣。中央は天守閣。(2016年5月11日撮影)

れているのではないでしょうか。その象徴《しょうちょう》でしょう? 人々の信仰心《しんこうしん》の証《あかし》として、お寺や神社ができてきたのでしょう?

私は、本当に、「物にこだわるのはよいけれども、そのなかに込《こ》められた魂、心というものを忘れたら、いかんぜよ」と言いたい気持ちでいっぱいです。

日本草創期の神々が、神剣《しんけん》を抜《ぬ》き、命を懸《か》けて戦って起こしたのが明治維新です。彼らは、この京都の地を中心に活動し、新しい時代を切り拓《ひら》こうとしました。その気持ちを、今、静かに汲《く》み取っていただきたいと思うのです。

# 3　世の中の不条理と戦った「維新《いしん》の志士たち」

## 「士農工商」の身分制を「四民平等《しみんびょうどう》」に変えた明治維新

今考えても、「維新《いしん》の志士」たちの活動は、本当に、非常に厳しいスタート地点から始まっていると思います。

江戸《えど》時代は、「士農工商」という大きな四つの階層があった時代ではありますが、武士階級も、「上士《じょうし》」と「下士《かし》」とに分かれていました。殿様《とのさま》に謁見《えっけん》できる「上士」と言われる武士と、謁見できない「郷士《ごうし》」や「下士」などと言われる武士に身分が分かれていたのです。

そして、上士が道を通っているときには、下士は道端《みちばた》に膝《ひざ》と手をついて、「ははーっ」と平伏《へいふく》しなくてはいけませんでした。しかも、それが遅《おく》れたりすると、「斬《き》り捨て御免《ごめん》」でも構わない時代だったのです。

上士と下士は同じ武士なのに、「殿様に会えるか、会えないか」の違《ちが》いだけで、上士が下士を「斬り捨て御免」にしても罪にならない時代が、今から百五十年ほど前まで続いていたわけです。

これは正しいことでしょうか。おかしいと思いませんか。こんなことがずっと通用していたのです。これは土佐藩《とさはん》だけではありませんでした。薩摩《さつま》でもそうでしたし、長州《ちょうしゅう》でもそうだったのです。

明治維新の主役になった方々は、だいたい下士階級で、殿様にお目見えできるような階級ではなかったようです。武士にも「生まれ」による身分があって、志士たちの多くは、武士でも下のほうの階級に属し、「斬り捨て御免」をされるほうの武士であったと言われています。

時代の理不尽《りふじん》に対して、「何も感じない人」と、「これはおかしいと思う人」と、二種類がいます。もちろん、「これはおかしい」と思っても、「長いものには巻かれろ」ということで、「しかたがないだろう。反抗《はんこう》しても勝ち目がないから、しかたがない」と思う人もいるでしょう。

しかし、現実には、「これはおかしい」と思った方々が立ち上がり、その制度を変えるだけではなく、国全体を明治の時代にし、「四民平等《しみんびょうどう》」の世の中を拓《ひら》くために頑張《がんば》ったのではないでしょうか。その気持ちを、やはり汲《く》まなくてはいけません。

# 2009年以降に収録した
# 明治維新の志士たちの主な霊言

『維新の心 ── 公開霊言 木戸孝允・山県有朋・伊藤博文 ──』
（幸福の科学出版刊）

『一喝！ 吉田松陰の霊言 ── 21 世紀の志士たちへ ──』
（幸福の科学出版刊）

『龍馬降臨 ── 幸福実現党・応援団長 龍馬が語る「日本再生ビジョン」──』
（幸福の科学出版刊）

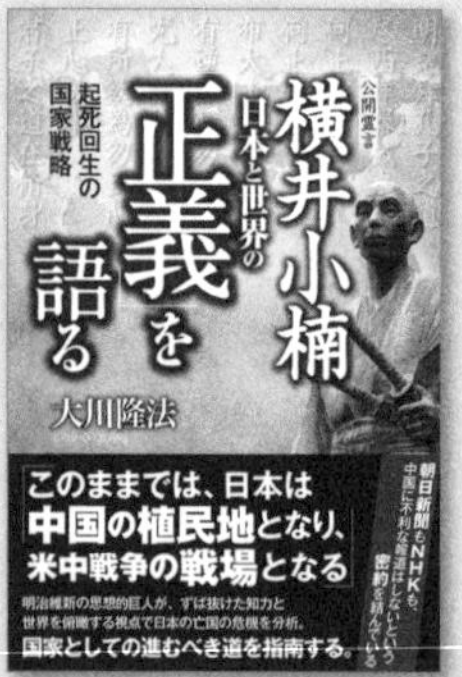


『横井小楠 日本と世界の「正義」を語る ── 起死回生の国家戦略 ──』
（幸福実現党刊）

『佐久間象山 弱腰日本に檄を飛ばす』
（幸福実現党刊）

『西郷隆盛 日本人への警告 ── この国の未来を憂う ──』
（幸福の科学出版刊）

自《みずか》らの命を惜《お》しいと思わずに戦った人たちがいるわけです。私たちは、そのことをよく考えなくてはいけないのです。

もし、彼らがそういうことをしなかったら、いまだに身分制社会です。「士」「農」「工」「商」の順の身分のままですし、下士は、同じ武士なのに、「道を開《あ》けなかった」ということだけで、上士に斬り捨てられてしまいます。こんなことがまかり通るわけです。

人間は犬や猫《ねこ》ではありません。今は犬や猫を斬っても刑法違反《けいほういはん》です。生き物としてではなく器物として扱《あつか》われる器物損壊《そんかい》罪ですけれども、いちおう〝値打ち〟のあるものなのです。また、犬や猫を斬れば、動物愛護協会から文句《もんく》を言われます。

今は、そういう時代が来ていますが、人間であっても当たり前に扱われていなかった時代に、「四民平等」の世の中をつくろうとして、志士たちは頑張ったのです。

## アメリカの黒人解放運動に流れていた「明治維新《いしん》の精神」

同じころ、アメリカ合衆国においては、リンカンが選挙に何回も落ちながら、最終的には大統領として立ちましたが、彼が大統領の間に南北戦争がありました。アメリカでは「市民戦争」と言われています。

この南北戦争では北部が勝ちましたが、南部の人たちは奴隷《どれい》を所有し、奴隷を自分たちの私的財産と考えていました。その二百年以上前から人身売買を行い、アフリカから奴隷を買っていたのです。

今、人権にあれだけうるさいアメリカが、当時は、人身売買で奴隷を買い、財産として持っていました。奴隷たちは、綿花《めんか》、綿《わた》の栽培《さいばい》をして、綿《めん》織物をつくるための原動力になっていたのです。

リンカンはゲティスバーグでの演説で、「人民の、人民による、人民のための政府」と言っていますが、それでも、実際には黒人は人間のうちに入っておらず、黒人が解放されるまでに、そのあと百年ぐらいかかりました。先の第二次世界大戦が終わり、その後、黒人解放運動が起き、リンカン暗殺から百年ほどたって実現したのです。

キング牧師《ぼくし》等が一生懸命《いっしょうけんめい》頑張り、なかなか白人には勝てないけれども、デモ行進などを行い、国民に、「黒人にも、白人と一緒《いっしょ》にバスに乗る権利を与《あた》えよ。白人と同じ学校に通う権利を与えよ。黒人に閉《と》ざされている、さまざまな道に関して、平等にせよ」と訴《うった》えました。

キング牧師は暗殺されましたけれども、彼らの活動によって道が拓かれたのです。

考えてみれば、これは、「明治維新《いしん》の精神」が百年かかって、アメリカでまた実現したようにも見えます。アメリカのペリーが来て、日本を強制的に開国させましたが、そのアメリカが百年後に、国内で平等を実現させたのです。そこには「明治維新の精神」のようなものがあったと考えられなくはないと思っています。

デモ行進を率いるマーティン・ルーサー・キング牧師（手前中央）とラルフ・アバーナシー牧師（手前右）。（アメリカ・アラバマ州、1965年3月22日撮影）

## 先の大戦において、日本には大きな使命があった

「アメリカは人権の国だ」と思い込《こ》みがちですが、長年、「黒人には人権がない」と思われていて、その状態で第二次大戦は行われたのです。

われわれ幸福の科学や幸福実現党は、「日本は黄色《おうしょく》人種を解放するために戦った。これには非常に大きな歴史的意味があったのだ」と言っていますが、今、「人権の国アメリカ」ということを前提にして考えている人から見れば、「アメリカは平等を言っているところなのに、何を言っているのだろう」と思うかもしれません。

しかし、アメリカには、「黄色人種や黒色人種が、白人と同じ人類とは思わ

れていなかった時代」があったのです。

先の大戦では、多くの血が流れましたけれども、当時、アジアのほとんどの国は、すでに欧米《おうべい》の植民地になっていました。ところが、それらの国々は、先の大戦が終わったあと、次々と独立を果たしていったのです。

日本という国は、先の大戦で非常に大きな被害《ひがい》を受けましたし、称賛《しょうさん》は受けていませんが、アジアの国々が独立していくための力になったことは間違いありません。

「黄色人種であっても、近代化に成功したら、白色人種と戦って彼らを追い払《はら》える」ことを、アジアの国々が見て、「自分たちにもそれができる」と感じたからです。

そういう意味では、「日本と欧米とは相討《あいう》ちにはなったかもしれないけれども、日本には大きな使命があった」と私は考えているのです。

「四民平等」で、平和で、繁栄《はんえい》できる時代が来ることを願った先人たちの心を、今、静かに振《ふ》り返ってみると、われわれは現在ただいまに安住していてはいけないのではないかと思います。

## 明治維新《いしん》が起きた「きっかけ」の一つは国防問題

先ほどのトーク（本講演に先立って行われた「幸福実現党トーク」）でも、幸福実現党の釈《しゃく》党首が言っておられたように思いますが、明治維新《いしん》が起きた「きっかけ」には、身分制の問題だけではなく、国防の問題もありました。

当時、外国がどんどんアジアの植民地化を進めてきており、お隣《となり》の中国はアヘン戦争以降、ヨーロッパ諸国に支配されていきました。

その流れを見て、「このままでは日本も危ない」ということで、それぞれの藩で、有力者たちが立ち上がりました。身分にかかわらず、力のある人、能力のある人が出てきて、「尊皇攘夷《そんのうじょうい》」を唱《とな》えたのです。

やがては、「外国と対等の力をつけなくては無理だ」ということで、単なる攘夷では済まなくなり、開国になっていくわけですが、少なくとも、立ち上がった人たちが数多くいたことは事実です。「清《しん》国、お隣の中国のようになってはならない」ということで、実地に戦おうとした人たちがいたのです。

吉田松陰《よしだしょういん》のように、下田《しもだ》にてペリーの船に乗り込もうとした人もいましたし、勝海舟《かつかいしゅう》や坂本龍馬《さかもとりょうま》のように、「軍艦《ぐんかん》をつくり、海軍もつくらなくてはいけない」と思った方々もいましたが、いずれにしても、時代が変わっていく変換期《へんかんき》を見《み》逃《のが》さなかった人たちであったことは事実だと思うのです。

## 「坂本龍馬《さかもとりょうま》の暗殺」から何を学ぶべきか

坂本龍馬《さかもとりょうま》は、土佐を出て、江戸の千葉《ちば》道場に通いました。千葉道場は二つありますが、その一つで塾頭《じゅくとう》まで務めたと言われています（注。千葉道場には、千葉周作《しゅうさく》が開いた玄武館《げんぶかん》と、弟の千葉定吉《さだきち》が開いた千葉道場とがあった）。

彼は剣《けん》の達人であり、当時としては、おそらく、江戸で腕《うで》が立つ三人のなかの一人だっただろうと推定されています。司馬遼太郎《しばりょうたろう》氏の意見によれば、そうです。

当時、江戸には、「千葉道場」と「斎藤《さいとう》道場」と「桃井《ももい》道場」という、三つの有名な道場があり、千葉道場以外では、桂小五郎《かつらこごろう》（木戸孝允《きどたかよし》）や武市半平太《たけちはんぺいた》などが塾頭を務めていたわけですが、こういうところの塾頭をやっていたということは、江戸でもトップクラスの剣士であったことは事実でしょう。

その龍馬が品川《しながわ》で黒船を見て、「ああ、もう剣の時代ではなくなったな。剣の練習をいくらやっても、国を護《まも》れない」と思い、考え方を変えました。

そして、「国の政治体制も変えなくては駄目《だめ》だ。有力者が集まって話し合い、国の政治を変えていかなくてはならない。そういう時代が来たのだ」と考えて、「万国公法《ばんこくこうほう》」（当時の国際法）に関心を抱《いだ》いたり、高杉晋作《たかすぎしんさく》からもらったピストルを持ったりしていました。

龍馬は「剣の時代は終わった」と考えていたわけです。

この大きな認識、マクロ認識は合っていたと思います。ただ、残念なことに、明治時代が始まるまでは、剣の時代は終わっていませんでした。そのため、明治が始まる前夜に、数《かぞ》え年で三十三歳《さい》のときに、彼は剣にて暗殺されたのです。これは非常に残念なことであったと思います。

「（龍馬は）もう剣に重きを置いていなかった」ということであったと思うのですが、まだ「議論」だけで世の中を動かせる時代ではなかったため、剣で闇《やみ》討《う》ちをされました。

このあたりは、「リアリズム」も忘れてはいけないところではないかと思っています。剣の時代を終わらせようとしていても、「完全な楽観主義だけではいけない」ということを、これは見事に語っているように思います。

千葉道場の塾頭が、いつも剣を身辺《しんぺん》から離《はな》さず、油断しないでいたら、暗殺されずに済んだかもしれません。

例えば、龍馬が寺田屋《てらだや》で百人ぐらいの捕《と》り手に囲まれたときには、三吉慎蔵《みよししんぞう》（長州藩士）と二人だけで、そこを脱出《だっしゅつ》しています。百対二で脱出しているのですから、そうとうなものです。

このとき、龍馬は剣を抜《ぬ》いていないと言われています。左手を少し斬られたようですが、高杉晋作からもらったピストルを何発か撃《う》って、屋根伝《づた》いに逃《に》げたようです。

そういう人が、近江屋《おうみや》で襲《おそ》われたときには、剣を抜く暇《ひま》もなく斬られています。「若干《じゃっかん》、意識が未来に飛びすぎていたのかな」という気がして、残念なところがあります。「一人の浪人《ろうにん》として動

坂本龍馬が宿泊した寺田屋の部屋。1866年、龍馬はこの寺田屋で伏見奉行所の捕方に襲われた。1868年に罹《り》災《さい》、焼失し、現在の建物は再建されたもの（京都府京都市伏見区）。

くより、組織を持って動いていただければ、もっとよかったのではないか」という気がするのです。

## 維新《いしん》の志士たちは「マスコミの役割」も担《にな》っていた

「明治維新《いしん》のころの勤皇《きんのう》の志士たちは、だいたい三千人ぐらいではないか」と言われているのですが、「維新の志士たちが果たしていた役割は、現代で言うと、マスコミの役割に近いだろう」ということを、司馬遼太郎氏は書いています。

当時は、今のような報道機関がなかったので、江戸や大阪《おおさか》、京都、長州や薩摩等にいる人たちが、行ったり来たりしながら、お互《たが》いに情報交換をして、

「どこそこに、こんな人がいる」「こんな考えが出ている」「今、これが主流になってきつつある」という情報交換をあちこちでやっており、今の「マスコミの役割」を、実は維新の志士たちが担《にな》っていた。そのようなことを彼は言っています。

確かにこれは、現代では、報道機関等がやっていることなのかもしれません。当時は、「何が政治の正しい方針か」ということは、お互いに意見交換をしないと分からないような時代ではあったわけです。

## 世の中の不条理を見たならば、黙《だま》っていてはいけない

そういう時代から現在を見直してみたとき、何をどう考えるべきでしょうか。

そのことを言わねばならないのではないかと私は思っています。

今日の演題である、「歴史の先駆者《せんくしゃ》となるために」というテーマに関する考え方の一つは、やはり、「この世の中の不条理を見たならば、黙《だま》っていてはいけない」ということです。

「それはおかしい。不条理である。道理が通っていない」ということに対し、黙っていてはいけません。

要するに、「上士は下士を犬や猫のように斬っても構わない」ということが、まかり通っている時代はおかしいのです。

幕末において、幕府は財政赤字で、商人からお金をたくさん巻き上げて、踏《ふ》み倒《たお》しているような状態でした。さらには、外国からも借金をし、外国の軍隊を引き入れようと考えてもいたので、「もしかしたら、日本は外国に取られて、滅《ほろ》びるかも分からない」というような状況《じょうきょう》にありました。

そのため、志士たちは、「何も動かない、腰抜《こしぬ》けの老中《ろうじゅう》ばかりが幕政を担っているのは、許しがたい。『下士だ』『上士だ』ということは関係ない。意見があって行動力のある人たちが、どんどん意見を言い、それを通して国を動かさなければ、この日本は変えられない」という、必死の思いがあったのだろうと思うのです。

当時、長州は幕府から朝敵として追い詰《つ》められていました。

幕府の小栗上野介《おぐりこうずけのすけ》は、勝海舟と張り合うぐらいの優秀《ゆうしゅう》な方ではあるのですが、「フランスからお金や軍隊の装備等を借り入れ、北海道をフランスに租借地《そしゃくち》として貸し出したりする。そして長州を叩《たた》き、そのあと、薩摩や土佐も順番に叩いていく」というような作戦を立てていきました。

このような作戦を知って、勝海舟は小栗を見放したというか、事実上、幕府を見放したわけです。

また、諸藩においても、「幕府は自分たちの国の雄藩《ゆうはん》を潰《つぶ》そうとしている。『幕府の御政道《ごせいどう》はおかしいので、それを正したい』と思っている雄藩を、外国の力まで借りて潰そうとするのだったら、日本は、清国など、ほかの国と同じようになる。これでは黙っていることはできない。幕府を倒すべし」という議論が、ここで立ち上がってきたわけです。

やはり、そういう瞬間《しゅんかん》というものはあるだろうと思うのです。

## 4 「景気回復」と「経済成長」を目指せ

### 「合法的な買収」で巨額《きょがく》の財政赤字をつくった自民党政権

今、自民党を支持しておられる方も多いと思いますし、幸福の科学も、三十年間活動してきた流れのなかでは、自民党系の人を応援《おうえん》していた時代も長く、今でも、自民党系の議員には、当会の三帰《さんき》信者（幸福の科学の三帰誓願式《せいがんしき》にて、「仏《ぶっ》・法《ぽう》・僧《そう》」の三宝《さんぽう》に帰依《きえ》することを誓《ちか》った人）もたくさんいます。

そのため、自民党をそう悪く言いたくはないのですが、「自民党が政権与党《よとう》を長く務めている間に、政府は一千兆円以上の財政赤字をつくった」ということは紛《まぎ》れもない事実です。これは政府の判断でつくってきたわけです。

なぜ、そういう財政赤字ができたかといえば、国債《こくさい》を発行して国民から借金をし、それを、票を取れるような団体、あるいは票をくれるようなところにばら撒《ま》いたからです。

これは、「補助金行政によって、勝つシステムをつくり上げた」ということだと思うのです。何十年か前、少なくとも、一九五五年にできた「55年体制」以降、そういうシステムをつくり上げてきたことは間違《まちが》いありません。

何十万票とか百万票とかを取れる特定の団体に、要《い》ろうが要るまいが補助金を必ず撒くようにしていけば、票を固めることができるのです。

こうして、選挙に何度でも勝てるシステム、勝ち続けられるシステムをつく

● 55年体制　1955年に成立した、二大政党を中心とする政治体制。与党第一党は自由民主党、野党第一党は日本社会党が占めた。以後、自由民主党の政権維持が1993年まで40年近く続いた。

ったのですが、これは、「合法的な買収が行われている」ということです。個人が立候補するときに、お金を使い、その使途《しと》が不明だったら、すぐに捕《つか》まります。

しかしながら、政府機関が、税金を使って補助金を撒くというかたちで合法的に買収したら、これについては、「全然、問題がない」ということになります。そして、政府は、「これ（財政赤字）は、国民のみなさんがつくった、みなさんの借金であり、後世に遺《のこ》す借金ですよ」と言って、国民の側に振《ふ》り替《か》えているわけです。

私たちは、「それはおかしい。これは〝与党が勝つための借金〟ではなかったのですか。この借金を、どうやって払《はら》うつもりなのですか」と問わなくてはいけないと思います。

もちろん、お金をもらった人もいるでしょうが、それについて、いちいち、細《こま》かいことは申し上げません。

はっきり言えば、政府は今、「国民から一千兆円をポンともらいたい」という状況《じょうきょう》なのだろうと思います。

ただ、急にはもらえないので、順番にもらっていこうとしています。「だんだんに締《し》め上げていき、取っていこう」と考えているのです。国民全部をマイナンバー制で管理し、ネズミが逃《に》げられないような状況にしておいて、搾《しぼ》り取っていきます。今、「一千兆円を何年計画で搾り取るか」というようなレベルに来ているのだろうと思います。

## 消費税率を上げれば、「デフレからの脱却《だっきゃく》」はできなくなる

これに対して、安倍《あべ》首相は、「アベノミクス等をやって、それに成功すれば、増税と景気回復を両方ともできるのだ」というようなことを言っていました。

「アベノミクス」のもとになる考え方は、幸福実現党から出ているものではあるのですが、「消費税の増税をやっては駄目《だめ》です」ということだけは、はっきり私は何度も何度も繰《く》り返し申し上げています。

消費税率を上げたら、「デフレからの脱却《だっきゃく》」はできなくなるので、これをやっては駄目なのです。理論的に矛盾《むじゅん》しているので、「景気の回復」と「消費税の増税」とを同時にやってはならず、どちらかを、まずやらなくてはいけない

のです。

少なくとも景気が回復すれば、税収は増えますが、消費税増税のほうを急いでやったら、景気の回復を遅《おく》らせることになります。

日本では、ここ二十五年間ほど、景気が回復せず、ＧＤＰ（国内総生産）が五百兆円ぐらいのままで据《す》え置きになって、中国に逆転されましたが、これがその理由の一つです。

消費税という制度は、日本にあまり合わない制度でした。

アメリカ、中国、日本のGDP推移

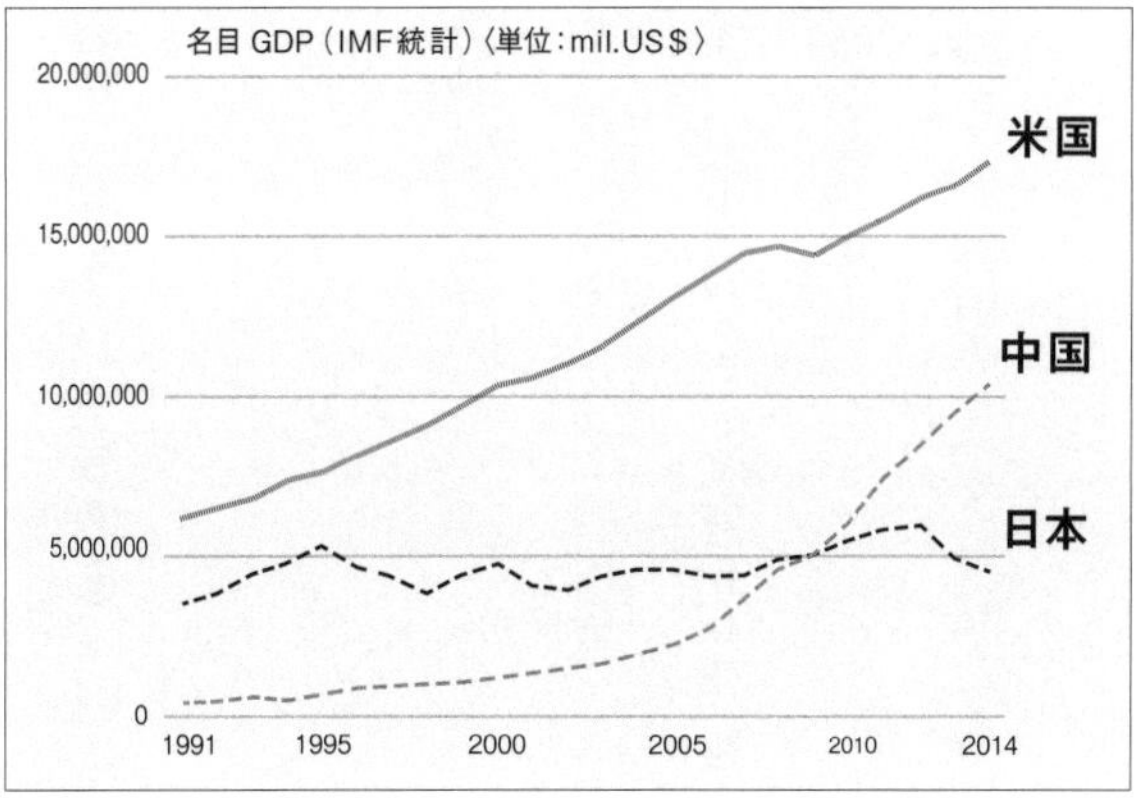

外国から見れば、「日本の消費税は非常に低い税率だから、なぜこれが問題なのだ」と思うかもしれません。しかし、日本には、外国にはないような「税金に替わるもの（社会保険料など）」がたくさんあり、そういうものを、いろいろと取られているのです。

## 「政策上の間違《まちが》いの責任」を国民に振《ふ》ってはならない

今、政治のほうでは少し暗雲《あんうん》がたなびいています。本当のことを言うと、今、安倍首相が焦《あせ》っているのは、次のような理由があるからです。

実は、今年（二〇一六年）が終わったときに、今年の経済成長率を見たら、「マイナス成長」になる可能性が高いのです。

一昨年《おととし》の四月に消費税率を五パーセントから八パーセントに上げました。幸福の科学は、それについて、「アベノミクスの失敗につながる」と申し上げていましたが、今年の年末になったら、「マイナス成長」という結果になる恐《おそ》れがあります。それはもう分かっているのです。

そのため、今、何とかしようとして、「マイナス金利」を導入したり、「衆参同時選挙」を狙《ねら》ったりしているわけです（今回は見送るとのことであるが）。そうした結果が見えているので、何とか失政に見えないようにしようとして、今、いろいろなことをやっているところなのだと思います。

しかし、はっきり申し上げておきたいのですけれども、私は、「政策上の間《ま》違《ちが》いは間違いとして、政策を立てて実行した人が責任を取るべきであって、その責任を国民に振《ふ》ったり、政治を志している他の人たちに振ったりすべきではない」と考えています。

何度も繰り返し申し上げていますが、日本では、ここ二十五年間ぐらい、まったくと言ってよいほど経済成長がないのです。

これは、「消費税」という制度が日本に合っていないこと、要するに、個人消費の部分が経済全体の約六十パーセントを占《し》めている現状においては、消費税率が上がっていくことは、人々の財布《さいふ》の紐《ひも》が固くなり、消費が冷え込《こ》んでいくことを意味するのです。

これは、「『今、消費税の増税をやってはいけない』と繰り返し言っている幸福の科学の主張が正しい」ということを意味しているのです。これを、はっきり言っておきたいと思います。

景気が回復し、「経済成長」を目指さないかぎり、政府の借金を減らしていくことはできないでしょう。

政府は、ここで、さらに税金を取り、そして、いろいろなところにばら撒こうとしていますが、そうすると、基本的には、また借金が増えていくかたちになるでしょう。これを言っておきたいと思います。

## 5　核《かく》兵器から「国民の安全」を護《まも》れ

### 維新《いしん》の志士なら、「北朝鮮《きたちょうせん》の核《かく》開発」に黙《だま》っていない

それから、もう一つ述べておきたいことがあります。

先ほど、「不条理に対して黙《だま》っているな」と述べましたが、今、核《かく》兵器に関しても、いろいろな議論が出ています。

先般《せんぱん》、Ｇ７《ジーセブン》（先進七カ国）の外相あるいは国務長官が広島市で会合を行い、珍《めずら》しく平和記念公園と原爆《げんばく》ドームを視察したりしました。そして、発表された

宣言では、「こういうことが二度と起きませんように」というようなことを言っていました（注。本講演後の二〇一六年五月二十七日、アメリカのオバマ大統領も広島を訪問した）。

しかし、いつものことながら、「主語がない」のです。そのため、「日本人が、こういうことを二度としませんように」と言っているのか、「原爆を落としたところが、二度としませんように」と言っているのか、「今、核兵器を持っているところが、二度としませんように」と言っているのか、さっぱり分かりません。

とにかく、主語が分からないまま、「よくないね」という話だけをしている状態なのです。

しかし、今年の一月以降の状況《じょうきょう》を見れば、どう考えるべきかは分かります。

幸福実現党は、実際には七年前（二〇〇九年）から警告しているのですが、北《きた》朝鮮《ちょうせん》は核兵器を開発しています。今年の一月には四度目の核実験を行い、「水爆実験だ」と言っています。そのあと、北朝鮮は、短距離《たんきょり》ミサイルや中距離ミサイル等を撃《う》ちまくっている状況です。

これを明治維新《いしん》の志士が見たら、どう思うでしょうか。黒船が来たとき、「これには刀では太刀《たち》打《う》ちできない」と思ったのと同じ感覚を、おそらく、持つのでは

2009年以降、北朝鮮の脅威を伝えてきた主な霊言

『北朝鮮 崩壊へのカウントダウン 初代国家主席・金日成の霊言』（幸福の科学出版刊）

『北朝鮮・金正恩はなぜ「水爆実験」をしたのか──緊急守護霊インタビュー──』（幸福の科学出版刊）

『金正日守護霊の霊言──日本侵略計画（金正日守護霊）vs. 日本亡国選択（鳩山由紀夫守護霊）──』（幸福の科学出版刊）

ないかと思うのです。

北朝鮮という、あんな小国で、経済的にも見るに値《あたい》しないほどのレベルしかないところが、「水爆実験をした」と言っています。

もしこれが本当だとしたら、どうなるでしょうか。今、水爆を持っているのは、国連の常任理事国である五カ国だけです。これ以外にプラスアルファとして、北朝鮮が水爆を持つことになるわけです。

さらに、北朝鮮はミサイルの発射実験をたくさんやっていますし、「核弾頭《だんとう》の小型化に成功した」とも言っています。嘘《うそ》か本当か、まだ分かりませんが、それが分かるのは、核弾頭を装塡《そうてん》したミサイルが発射され、どこかに着弾したときです。そのときに嘘か本当かが分かるのです。

しかし、その間、近隣《きんりん》諸国は、国民の生命を担保《たんぽ》に取られているのとほとんど同じ状態になります。

こうした危機に対応できないのは、極《きわ》めてよろしくないことです。「明治維新の精神」に照らしても、維新の志士たちだったら、これについては絶対に何かを言うでしょう。「そのままでいいよ」とは絶対に言わないと私は思います。

## 「核《かく》兵器廃絶《はいぜつ》」は核保有国に向けて言うべきである

北朝鮮に対しては、いつも、「経済制裁」などということばかり言っていますが、効いていないのは明らかです。北朝鮮のやっていることが「許すまじきこと」であるなら、「許すまじきこと」として、「正義の観点から許せない」ということを、はっきりと言うべきです。

宇治市《うじし》が、「核兵器廃絶《かくへいきはいぜつ》」を言うのは結構だと思います。言ってよいと思います。ただ、それは、日本に対してではなく、核兵器を〝持っている国〟に対して言ってください。核兵器を〝持っている国〟が、それを廃絶するのはよいのです。それは結構です。

宇治市が、核兵器を持っているところに「持つな」と言うのは結構です。言ってください。どんどん言ってください。中国に対しても、北朝鮮に対しても、「持つな！　捨てろ！」と言ってください。

しかし、日本に「持つな」と言っても無駄《むだ》です。持っていないところに「持つな」と言っても、しかたがありません。持っているところに言わなければ駄目なのです。

核兵器を廃絶すべきなのは、今それを持っているところなのです。

今、一つの国を滅《ほろ》ぼすことができる力を持っている国に対して、「核兵器廃絶」を言うのは結構です。

ただ、核兵器廃絶ができないならば、いちおう、それに対抗《たいこう》できる手段を考えないと、「国民の安全」は護《まも》れません。

## 日本人は「侍《さむらい》の精神」を取り戻《もど》さなくてはならない

これは、憲法九条だけの問題ではないのです。

日本国憲法の第十三条では、「国民の幸福追求権」が保障されています。日本国民には、「幸福に生きる権利」があるのです。つまり、憲法十三条自体が

「幸福の科学」を認めているのです。

私たちには、異常なる外国から不当な侵害《しんがい》を受け、国民の「生命」や「安全」、「財産」、「国の領土や領空」などが一方的に侵害されたりしないで、恐怖《きょうふ》から免《まぬが》れ、幸福を目指して生きる権利があります。そのことを知っていただきたいと思います。

したがって、怖《こわ》がらないでいただきたいのです。あんな小さな国に脅《おど》されているのです。

「侍《さむらい》の精神」を取り戻《もど》せばよいのです。

命を懸《か》けて、この国を護る。そのために、吉田松陰《よしだしょういん》は斬首《ざんしゅ》になったのでしょう？　そのために、維新の志士の多くは命を落としたのでしょう？　しかし、その結果、新しい国づくりができて、アジアの植民地化を食い止める力になったのでしょう?

先の大戦では敗れたかもしれませんが、勝ったところが完全な正義ではなかったことは、アメリカの国内で起きた「黒人解放運動」や「移民問題」等に表れてきていますし、移民問題はヨーロッパでも起きてきています。

また、「核の拡散」についても、その正義のあり方は、深く議論されなくてはならない問題として出てきていると思います。

# 6　宗教を信じる人たちが「正義」を示せ

## 悪用され続けている、日本国憲法の「政教分離《ぶんり》規定」

さらに、「不条理に対抗《たいこう》する」という意味で、もう一つ考えておかねばならないことがあります。

憲法十四条では、「国民の平等の権利（法の下《もと》の平等）」が保障されています。

日本国民は、日本国民として生まれたことによって、平等の権利を有しています。

この平等の権利から、もちろん、個別には、「居住・移転の自由」「職業選択《せんたく》の自由」「教育を受ける権利」など、いろいろなものが出てくるのですが、憲法十四条で、国民は「平等の権利」を保障されています。

しかし、憲法二十条では、第一項《こう》で「信教の自由」を保障していながら、そのあとに、「政教分離《ぶんり》規定」というものが入っています。

この「政教分離規定」が非常に悪用されています。戦後、ずっと悪用され、「宗教を階層社会の下に押《お》し込《こ》める力」として働いてきています。宗教の政治活動を制限したり、宗教が政治活動に参入していくのを止めようとしたりする力として、憲法二十条のなかの「政教分離規定」が使われているのです。

しかし、私は「これはおかしい」と言っています。

なぜ、おかしいかというと、これは「平等権に反する」からです。

●**政教分離規定**　憲法二十条一項に「信教の自由は、何人に対してもこれを保障する。いかなる宗教団体も、国から特権を受け、又は政治上の権力を行使してはならない。」とある。

宗教が、政治参加の権利を訴《うった》えたり、政治に対する提言や行動をしたり、政治の一員として活動したりすることに対して、「それは間違《まちが》いだ」という主張が、教育やマスコミ報道等でよくされるわけですが、これは、「信仰《しんこう》を持っている人は日本国民として平等に扱《あつか》われない」ということを意味しています。

それでよいのですか？

おかしい。絶対に、おかしい。

信仰を持つことは、人間としての当然の義務なのです。ここは、神様、仏様が創った国であり、世界なのです。

それなのに、神様、仏様を信じている人が平等権を制約されるのは、絶対に、おかしいのです。ところが、日本人は、このことに気づいていません。

その日本国憲法を押しつけたアメリカでは、少なくとも、キリスト教が〝国教〟として、バックボーンとしてあった上で、「人間の平等」が憲法で規定されています。

しかし、日本国憲法においては、平等権のバックに神仏がいないのです。これが戦後の大きな大きな問題なのです。

宗教家が、政治に意見を言ったり、政治的な行動をしたり、選挙に立候補したり、政権の一部に入ったりしたら、これは、悪いことをしているのでしょうか。おかしいのでしょうか。

## 宗教を信じる人たちの「政治参加」は憲法で認められている

以前、自民党の議員で、神社の神主《かんぬし》の資格を持っておられる綿貫民輔《わたぬきたみすけ》氏が、衆議院議長を務めていたことがあります。

日本国憲法には、「元首は誰《だれ》か」ということが、はっきりとは書かれていません。国民には、漠然《ばくぜん》と「首相が元首だろう」と思っている人が多いと思いますが、「対外的には、やはり天皇陛下《へいか》が元首なのだろう」と思っている人もいます。実は、日本国憲法には、元首についての明確な規定がないのです。

しかし、日本国憲法の第四十一条には、国会について、「国権の最高機関」と書いてあります。国権の最高機関である国会には衆議院と参議院がありますが、「衆議院の優越性《ゆうえつ》」ということも、はっきり憲法で定められています。

そうすると、厳密に解釈《かいしゃく》したら、法律上、「日本国の元首は衆議院議長である」という考えもありえます。これは、憲法学者が説いている理論の一つです。

国会は国権の最高機関なので、「衆議院議長が元首」ということも、当然、考え方としてはあるわけです。

そういう立場である衆議院議長を務めていた人のなかに、神主さんがいるのです。

「神道《しんとう》は宗教ではない」という考えもあります。実際、明治以降、「国家神道は宗教ではない」という意見がまかり通ってきました。これが、ほかの宗教を弾圧《だんあつ》する要因にずっとなっていて、戦前、国家神道は、政治権力と一体になって、他の宗教を弾圧してきました。

そこで、戦後、そういうことをさせないために、「政教分離規定」がつくられたのです。

ところが、その本旨《ほんし》が忘れられて、実際には、一般《いっぱん》的な宗教が政治で活躍《かつやく》できないように解釈されてきています。

ここを見誤ってはならないのではないかと思います。つまり、「宗教を信じる人たちが政治に参加し、政治活動をする自由は、日本国憲法下で認められているのだ」ということを知らなければなりません。

## 宗教には「暴政から国民を護《まも》る」という使命がある

宗教に対する偏見《へんけん》は多いので、なかには、「宗教というものは一枚岩で、考え方が全体主義的だから、民主主義に反するのだ」という考え方をする人もいます。

しかし、ヒトラー政権下で、弾圧されているユダヤの人たちをかくまったのは、どこでしょうか。教会です。

そうした国家権力の弾圧から人々を護《まも》ったのは、ドイツでもフランスでも教会です。弾圧され、捕《つか》まったらアウシュビッツに送られて必ず殺される人たちをかくまい、最後まで抵抗《ていこう》し、レジスタンスを続けたのは、実は教会なのです。

それは、「神の考えから見て、こういうことが許されるわけはない」ということです。

もちろん、ドイツやフランスはプロテスタントやカトリックの国なので、ジューイッシュ、つまりユダヤ教徒とは信条が違うのですが、それでも、神の考え方からいくと、「『ユダヤ人であるから』という理由だけで弾圧されるのはおかしい」ということで、教会が体を張って護ったのです。

そのように、宗教には、「暴政から、国民あるいは一部の少数の人たちを護る砦《とりで》になる」という大きな使命もあるのです。

ヨーロッパの教会は大きな石造りであり、そこには、城門のような大きな扉《とびら》があります。これは、革命のときに要塞《ようさい》や砦にするためです。歴史的には、いつも攻撃《こうげき》されているので、そういうときに人々を護るためにあるのです。

あれはヴァンパイア（吸血鬼《きゅうけつき》）を防ぐためだけにあるのではなく、砲弾《ほうだん》を撃《う》ち込まれることも考えた上でつくってある、砦のようなものなのです。

ピーター・ドラッカーという経営学者は、「大企業《だいきぎょう》が、そういう独裁主義や全体主義を防ぐ力になる」と言いましたが、もう一つの考えとして、「宗教を信じる人たちが一定の力を持つ。政治的にも発言力を持ち、正邪《せいじゃ》について意見を言える」ということが、この国が暴走したり、間違った判断の下《もと》に、世界の邪《じゃ》なる道へ走っていったりするのを止める力になりうるのです。

それを認める「政治的寛容《かんよう》さ」こそが、今、求められているのだと思います。

## 今、「日本変革」「世界変革」のときは来たれり

私は、「今こそ、宗教を信じる人たちが、この国の国民に、正しい未来を示し、正義を示すために、努力しなければいけないときである。この極東の第一等国である日本、明治以降、人々が目指してきた第一等国になりえた日本が、そうした価値判断を世界に発信できなければ、アジアやアフリカ、南米の人たちのために意見を言える国はないのだ」ということを知らなければいけないと思います。

熊本《くまもと》に大地震《だいじしん》が起きましたが、今朝《けさ》、南米のエクアドルでも、マグニチュード7・8の地震が起き、今のところ、死者は三十人弱と報道されています（注。

エクアドル時間の四月十六日夜に発生した地震で確認された死者の数は、その後、六百五十人以上に達した）。

このエクアドルの近くにある、ペルーという国では、熊本から移民をした方の子供が、以前、大統領をしておられました。今、その娘《むすめ》さんが大統領選に立候補しておられますが、国が乱れているところではあります。

今回の地震には、「熊本とペルーの近所とは地下でつながっているのか」と思うようなところがあります。

ブラジルも、今、たいへん荒《あ》れています。経済的にも悪く、「ジカ熱」とい

地震で大きな被害を受けたエクアドル北西部のペデルナレス。（2016年4月19日撮影）

う、蚊《か》による感染症《しょう》のせいで、「小頭症《しょうとうしょう》」という、頭部の小さい子供が生まれる難病も流行《はや》っていて、「どうもおかしい」という感じになってきています。

南米もおかしいのです。何か警告が出ています。

熊本とつながったかのように、なぜか、南米でも同じ時期に地震が起きています。

地球の裏側では、いったい何が起きているのでしょうか。

こちらについても、霊査《れいさ》をしなければ詳《くわ》しいことは言えませんが、少なくとも、日本という国は、白人優越主義の国から弾圧されたり、蔑視《べっし》されたりしていた黄色《おうしょく》人種や黒色人種、その他の人たちの国々のためにも、国際社会に意見を発信できる国にならなくてはなりません。

それが、先人たちの遺訓《いくん》だと思いますし、「日本開闢《かいびゃく》の神々」の現在の意向だと思うのです。
それを伝えているのは、今、幸福の科学だけです！（会場拍手《はくしゅ》）
したがって、みなさんこそが、現代の「維新《いしん》の志士」であるべきなのです！
どうか、私のこのメッセージを受け止めてください。
今、戦わずして、いつ戦うか！
今、「日本変革」のときは来たれり。
「世界変革」のときは来たれり。
今こそ、立ち上がろうではありませんか。
みなさん、頑張《がんば》りましょう！

# 第2章

# 信《しん》仰《こう》と繁《はん》栄《えい》

二〇一六年五月十一日　説法《せっぽう》
大阪《おおさか》府・大阪城ホールにて

# 1　大きな責任を背負い、言うべきことを言う

## 拡大し続ける幸福の科学の影響力《えいきょうりょく》

今回の講演会場である大阪城《おおさかじょう》ホールは、今から二十五年前の一九九一年に初めて講演会で使い、その後、九二年に二回、九三年に二回と計五回、使っています。

すでに二十数年がたち、久しぶりに来ると、懐《なつ》かしいというか、何か若返ったような感じがしました（笑）。まさに、「復活！」という感じでしょうか（会

場拍手《はくしゅ》）。

また、幸福の科学の初期のことなので、「二十五年も前に、ここで講演会ができていたのだ」ということを、今の若い人たちはご存じないかもしれませんが、すでに規模としては、かなり大きかったのです。

それから、いろいろなことに手を出しているうちに時間がたってしまい、気がつけば私も、〝三十代後半〟になりましたかね（笑）（会場笑）。ただ、気持ち的には、「まだまだ、こんなものでは終われない」というところです。

なお、当時は、長男・長女も生まれてまもない

講演会「信仰と繁栄」の本会場風景。（5月11日、大阪府・大阪城ホールにて）

ころであり、私がここで講演をしている間、近くの公園で遊ばせながら時間を稼《かせ》いでいました。今では、子供たちもみな大きくなり、こうした会場の責任者になったり、あるいは随行《ずいこう》の責任者になったりして、手伝ってくれるようになっています。

この間《かん》、私も、人の親としての成長を経験しましたし、子供たちも、信者のみなさまのお子様がたと共に成長してきました。

また、私の若いころは、憧《あこが》れていた信者のみなさまがたは、すでにお母さま、あるいは、おばあさまになられているかもしれませんが（笑）（会場笑）、人は「生き通しの生命」を生きているので、情熱において、いつからでも出発は可能であると考えています。

今日も一万人の会場で講演をしていますが、二十数年たっただけあって、この講演も全国に衛星中継《ちゅうけい》されていますし、その後もいろいろなかたちで、海外にも広げていかれるでしょう。

その意味で、影響力《えいきょうりょく》は非常に増しているのです。

## 日本と世界に責任を持っている「幸福実現党」

本講演前の第一部でも、「幸福実現党立党七周年」ということで、いろいろな政策や、過去の歩みについての説明がありましたが、やはり、「いろいろなかたちで大きくなってきているのだな」と思っています。

二十五年前に講演をしたころは、私も宗教的に自由に話をしていましたし、ある意味で、まだ新聞の一面に関係したり、密接に連動したりしていないかたちで話をしていたわけです。

しかしながら、今、発信している内容は、新聞の一面やテレビ、雑誌、あるいは、世の中や世界のさまざまな動きと連動してきています。例えば、世界のいろいろな指導者に関連するような話もしていますし、日本の政治、あるいは、経済のあるべき姿についても、情報を発信しています。

したがって、二十五年ほど前と比べれば、かかっている責任の重みはそうとうなものでしょう。この重みを受けて、それを実際に実行に移し、この日本全土、そして世界へと推《お》し広げていく力を養成していくことが大事であると考えています。

確かに、大きなことに関して責任を持つのは、非常に難しいことかもしれません。しかし、誰《だれ》かがやらねばならないのなら、(幸福実現党のポスターの)

その意味で、幸福実現党の七年間の歩みは、現実世界において遅々《ちち》たるものではありましょう。ただ、その考え方や内容を見ていただければ分かるとおり、そうとうはっきりとした輪郭《りんかく》と基礎《きそ》の部分ができています。また、組織としての継続性、あるいは後進の養成も、きっちりとやっています。したがって、今後、次第《しだい》しだいに大きなうねりとなって、ほかのところとの違《ちが》いが明らかになると思います。

私は、「その実りを、どのようなかたちで広げていくか」ということを、今、見守っているところなのです。

## 2 北朝鮮《きたちょうせん》や中国に似てきた日本の〝危《あや》うさ〟

### 日本では非常に後《おく》れている「宗教に対する意識」

さて、日本という国は、ある意味で非常に優《すぐ》れた「進んだ国」ではありますが、別の意味では〝非常に後《おく》れた〟ところもあります。その後れたものの一つが、「宗教に対する意識」でしょう。これが非常に後れているのです。

私は、その根本《こんぽん》から、今、揺《ゆ》さぶりをかけています。

実際に学校教育を受け、また、大学までの教育を受けても、人生の真実を知らないままに卒業していっています。エリートと言われるような方々であっても、「そんなことは、中学でも高校でも大学でも、真実として、真理として、まったく教わらなかった」という方がたくさんいるわけです。

また、大人になってからも、それを教わってはいません。

例えば、「死後の世界がある」とか、「神様、仏様への信仰心《しんこうしん》が大事だ」とか、「死後の世界を畏《おそ》れなさい」とかいうことは、毎日の新聞を読んでも書かれていないし、テレビをつけてもニュースでは伝えていないでしょう。雑誌でも、揶揄《やゆ》する場合以外には、ほとんど取り上げないわけです。おそらく、創作のレベル、あるいは、フィクションとしてのみ、そういうものが存在しているように思っている方が大多数ではないでしょうか。

まずここに、最初の楔《くさび》を打ち込《こ》む必要がありました。その意味での「霊性《れいせい》革命」、「宗教の革命」というものが、いちばん最初に来た大きなうねりでしたし、現在もそれは続いています。

## 隣《となり》の「唯物論《ゆいぶつろん》・共産主義国家」に似てきた日本

また、政治のうねりを起こし始めたときにも、同時に、霊言集《れいげんしゅう》をもう一度出し直すということを始めました。

やはり、あの世を信じていない方はかなり多く、「自分が死んだらどうなるのかが分からない」というインテリや教師、あるいは、政治家、経済人などがたくさんいるのです。これは驚《おどろ》くべきことでしょう。

私たちは、北朝鮮《きたちょうせん》や中国について、時折《ときおり》、批判をしています。時折ではなくて常時《じょうじ》かもしれません（会場笑）。それはともかく、気がつけば、「日本もそれと似たような国になっているのではないか」と思うことがよくあります。

つまり、「唯物論《ゆいぶつろん》的に物事を考え、この世の快楽だけを考えて、『死んだら終わりだ』と思っている」とか、「繁栄《はんえい》について、『この世で、自分が生きやすければそれでいい』と思っている」とかいう人が多いわけです。

日本は、自由の国であるはずなのに、また、「自由民主党」という名の政党が与党《よとう》であるはずなのに、「自由」という言葉はどこかへ行ってしまったような気がします。

さらに、「民主」といっても、「これは、本当に『民主』なのだろうか」と思うこともよくあるのです。

むしろ、「国家社会主義」「全体主義的国家社会主義」というものによく似た動きをしていて、「これは、民主とは違《ちが》うのではないか。『自由』もなく、『民主』もなくなってきている。何か、みんな誤解しているのではないか」と思うようなところが、数多く見受けられるようになってきました。

要するに、共産主義国家、あるいは、それに至る途中《とちゅう》の社会主義国家においては、神も仏もあの世も否定して、この世の物質しかないということを前提にした社会観・世界観でもって、人間の生き方や幸福を考えるわけですが、それと似ているのです。非常に似た考え方をするので、心配でなりません。

私は、北朝鮮や中国について批判していますが、「それらの国と本当に似ているのではないか」と

安倍政権の「国家社会主義」的傾向に警鐘を鳴らした『自由を守る国へ』（幸福の科学出版刊）。

思うことが多くなってきています。

## 〝某《ぼう》公共放送〟の北朝鮮《きたちょうせん》報道に驚《おどろ》く

ちなみに、昨日《きのう》（五月十日）、「某《ぼう》公共放送」と言っても一つしかありませんが（会場笑）、そこの「クローズアップ現代＋《プラス》」という番組を観《み》ました。看板キャスターが降りたので、新しいキャスターを入れてやっていたのをチラッと観たのです。

それは、先日、北朝鮮《きたちょうせん》の平壌《ピョンヤン》で開催《かいさい》された朝鮮労働党大会を取材したものでした。ほかの民放は入れてもらえなかったにもかかわらず、某公共放送と共同通信だけが、十分ぐらい大会の取材に入れてもらえたということで、その恩義を受けて、北朝鮮を報道していたのです。ところが、放送を観ていて、「これは、〝やられている〟のではないか。大丈夫《だいじょうぶ》かな」と思って、とても心配になりました。

要するに、「北朝鮮には資本主義的市場経済が今、芽生《めば》えて、始まっているのだ」というようなことを報道しているわけです。私は、「十分間入れてもらうと、こういうことになるのか」と感じつつも、「『資本主義的市場経済』とはどういうものか、知っているのだろうか」と思いました。

番組では、「北朝鮮から中国への出稼《でかせ》ぎの人の数が、この五年ぐらいで二倍になった。九万四千人ほどが出稼ぎに行って、月二万五千円ぐらいで働いている」と言っていましたが、その三分の二は、国家にサヤ抜《ぬ》きで取られています。つまり、出稼ぎを認める代わりに、給料の三分の二は国家である北朝鮮に〝奉《ほう》納《のう》〞させられているわけです。

これが、資本主義的市場経済でしょうか。

例えば、どこかに出稼ぎに行って、給料の三分の二を国家に取られるとしたら、「この国は大丈夫か?」と思うはずです。むしろ、怖《こわ》いかもしれません。

これを、「市場主義経済が始まっている」と言っているのです。

また、「四年前の写真では、川の対岸に大きなビルはなかったが、四年後の今は建っている。これは、土地の売買が始まり、不動産が動いているからだ。つまり、自由主義経済なのだ」という言い方をしていました。

しかし、そんなビルなど、誰《だれ》が建てているのか分かりません。労働党が建てているか、あるいは、党のエリートのなかで金儲《かねもう》けをさせてもらった人が建てているかもしれないのです。

さらには、「（北朝鮮の富裕層《ふゆう》は）贅沢《ぜいたく》な、中国製の下着を身につけている」というような内容までありました。

ともかく、〝おかしな話〟ばかりですが、「北朝鮮に何日かいただけで、こうやって洗脳されてしまうのかな」と思ったのです。

もちろん、そう言わなかったら、帰りの飛行機に乗れないかもしれないので、しかたがないことではあるのでしょう。

## 「資本主義的自由主義経済」をまったく分かっていない報道

資本主義の自由主義経済について、簡単に言うとすれば、「パンが売れないのは、おいしくないからだ。だから、おいしくないパンを売っているお店は、潰《つぶ》れるか、おいしいパンをつくるか、どちらかなのだ」ということになります。

これを分からずに、「衛星写真を見ると、何年か前に比べ、市場は倍増し、政府の許可を受けたところが増えている」などとその番組では言っていましたが、やはり、言っていることが完全におかしいでしょう。

そもそも、自由主義経済というのは、経営責任を伴《ともな》うものです。だからこそ、お客様を第一に考えます。「お客様が来ない」「売上が伸《の》びない」ということは、「つくっている製品か、商品か、あるいはサービスが悪い」と考えるべきであるし、「競争に敗れたら潰れる」という危機は、常にあるわけです。

「どんなに悪いものをつくっても、どんなに悪いサービスをしても、潰れない」というのは、資本主義のなかの自由主義経済ではありません。補助金によるのか、護送船団方式なのかはいざ知らず、「国家社会主義による経営」がなされていると言わざるをえないでしょう。

このあたりを分かっていないのが残念です。

## 「中国には仏教徒が三億人もいる」という報道の裏にあるもの

また、〝とある公共放送〟では（会場笑）、二、三年前に、宗教に関する報道もしていました。それは、「中国には、隠《かく》れキリシタン風に、隠れキリスト教徒が一億人もいる」という内容であり、当時は私も、「そういうこともあろうかな」と思って聞いていたのです。

そして、最近の放送を観ると、「中国では、今、仏教徒が非常に増えている。仏教に救いを求める人が、三億人もいるのだ。三億人にも仏教徒が増えたのだ」と言っていました。

つまり、キリスト教徒が一億人、仏教徒が三億人で、合計四億人になります。もし、人口が十三億から十四億と言われる中国で、キリスト教徒と仏教徒が四億人にも増えているのならば、非常に宗教的な国になっているでしょう。私たちは、〝ルンルンして〟伝道に行けるレベルになっているはずです。

しかし、実際はどうかといえば、香港《ホンコン》においても上海《シャンハイ》においても、幸福の科学の伝道はそうとう苦戦しています。まさに命懸《いのちが》けです。いつ、どんな弾圧《だんあつ》が来るのか分からないなかで戦いながら、中国人の信者のみなさんがたも伝道しているのです。非常に怖いなかで、「どうしても民主化したい」という思いで頑張《がんば》っています。

また、幸福の科学出版は、日本でたくさん本を出しているので、中国にも当会の本が溢《あふ》れ返っていると思うかもしれません。ところが、北京《ペキン》にあった幸福の科学出版の事務所は、何年も前に撤収《てっしゅう》しています。実は、あるとき事務所に、映画「メン・イン・ブラック」のような怪《あや》しげな人たちが来て、「君たちは、この幸福の科学というところが、日本でどんな本を出しているか知っているのか？　実に、悪い本をいっぱい出しているところなんだ」というようなことを言ってきたのです。そのため、「次に来たら逮捕《たいほ》されるかな」と危険を感じて、事務所を撤収しました。

こんなのは、「信教の自由」を認めて広げている国の姿ではありません。

もし、日本から行ったマスコミが、「中国は仏教国だ」と信じさせられ、たまたま仏教徒が集まっているところを取材させられて、「仏教徒は三億人にも増えているのだ」と言わされているとしたら、考えなければいけないのはチベット自治区のことでしょう。

中国は、チベットという国を取って支配下に置いていますが、それを完全に「自分の国のもの」として〝消化《しょうか》〟してしまおうとして、国際的にも説得するために、そのように言っている可能性があります。あるいは、「次はネパールを取ろう」と狙《ねら》っているのかもしれません。もしくは、その両方ではないでしょうか。

ネパールの新しい政権は、インドを怖がって中国のほうに舵《かじ》を切ろうとしています。一方、中国としても、去年、震災《しんさい》があって弱っているネパールに対して、手を伸ばそうとしているわけです。

中国・チベット自治区ラサ中心部にあるチベット仏教寺院のジョカン寺前で、小銃を手に警備する武装警察。(2011年8月20日撮影)

そうした実態を、よく知っておかなければいけません。そういうものに片棒を担《かつ》がされるわけにはいかないのです。

やはり、ネパールに対しては、「自由がなくなりますよ。国がなくなりますよ。ネパール仏教はなくなりますよ。分かっていますか」と言っておかねばならないと思います。

## 3 「オバマ大統領の広島訪問」が持つ「危険性」

### 北朝鮮《きたちょうせん》の核《かく》に対して誤ったメッセージを発信する？

ほかにも、気になるところはあります。

例えば、今日（五月十一日）の〝某《ぼう》クオリティ紙〟を読んでみると、「伊勢《いせ》志摩《しま》サミットに来るオバマ大統領が、広島に行くことになった」と大々的に報じていました。「オバマ大統領が広島に行って、『核《かく》をなくす』というような話をする」といったことを大きな話題にしていたのです。

確かに、核をなくすのは結構なことでしょう。世界から核がなくなれば、平和になると思います。私も、「ぜひともそうなってほしい」と、心から願っています。

しかしながら、これは、現実にイマジネーションのない方が書いている記事です。イマジネーションを働かせたら、どうなるでしょうか。

オバマさんは、伊勢志摩へ来たら、よく分からないままに頭を下げて伊勢神宮《じんぐう》の鳥居《とりい》をくぐり、その後、広島へ行きます。ただし、謝罪してはいけないため、謝罪せずに〝お参《まい》り〟をする

広島市の平和記念公園を訪れたオバマ大統領は声明のなかで、「恐怖の論理から逃れ、核保有国も、『核兵器のない世界』を追求する勇気を持たなければならない」などと述べた。(2016年5月27日撮影)

のでしょう。そこで、もし、アメリカが非核宣言をし、「核兵器を世界から廃《はい》絶《ぜっ》しよう」と日本と誓《ちか》い合った場合、その意味を考えなくてはなりません。

それは、「日本は核武装が絶対にできなくなります。また、アメリカの核の傘《かさ》は今後なくなります。アメリカが核を使って友邦《ゆうほう》国を護《まも》ることはありません」ということを、世界に発信することになるはずです。

一方で、現在、北朝鮮《きたちょうせん》が行う「原爆《げんばく》や水爆実験」、また、「潜水艦《せんすいかん》からの弾道《だんどう》ミサイルの発射実験」、あるいは、「移動式のムスダンの発射実験」等が問題になっています。これらは今後も続いていくでしょう。

しかし、これに対して、アメリカはまもなく、「核を使わない」と言うことになるはずです。それは、「北朝鮮の核に関して、日本を護らない」ということにほかなりません。

## 嘆《なげ》かわしい「日本の意識レベルの低さ」

　また、中国に対しては、どういうメッセージが伝わるでしょうか。

　アメリカとしては、「中国がどのように核武装をしても、アメリカは今後、核廃絶を目指し、核を使わない方向に行きます。世界のみなさんも見習ってください」というようなことを発信するだろうと思います。

　しかし、中国は見習うはずがありません。やはり、「話し合って分かる相手」と、「分からない相手」がいるのです。平壌《ピョンヤン》放送と北京《ペキン》放送を聞いた方は、話して分かる相手か、そうでない相手かを区別しなければいけないでしょう。

　確かに、話して分かる相手もいます。「なるべく、こういうことをしないようにしましょうね」ということで、話し合ってうまくいく場合もあるわけです。しかし、話が通じない相手もいます。これを知らなければいけません。

オバマさんがそういうふうに動いてくださるのはありがたいことではありません。しかし、非常に言いにくいことではあるのですが、その結果、日本の左翼《さよく》系のマスコミが期待しているような効果とは、まったく反対のものが出てくるでしょう。

おそらく、中国・北朝鮮という、今、核の装備を強大化している国にとっては、逆に、「アメリカが決定的に衰退《すいたい》、あるいは孤立《こりつ》主義のほうへ向かおうとしている」というシグナルに映るはずです。

まだオバマ大統領が来てもいないのに言ってしまうのは申し訳ないのですが（説法《せっぽう》当時）、先が読めるのでしかたがありません。「それを喜んでいると、とんでもないことになりますよ」と言っておきます。

そうしたなか、日本では、自分の国の防衛については何も言わずに選挙をやって、議席だけを取ろうとする人たちが競争しているわけです。

要するに、「幸福実現党が〝嚙《か》ませ犬〟になってワンワンと意見だけを言って落選し、うまいことを言って当選したところだけが議席を取る。そのあと、世論《せろん》の反発がなくなったら、（幸福実現党の）政策を少しずつ使ってやろう」というような考えを持っている人たちが、今、この国を牛耳《ぎゅうじ》っているのです。

これは正直ではありません。吉田松陰《よしだしょういん》の前に来て、ワーワーと泣いてもらわなければいけない人たちばかりです。よくもこれだけ腹黒く生きておられるものだと思います。

私は、本当に悲しくてなりません。三十年も法を説いてきて、この国が、まだこのレベルで意識が止まっているのかと思うと、悲しくてならないのです。

## 4 「政教分離《ぶんり》」を誤用する教育・マスコミ

### 「政教分離《ぶんり》」の本当の意味を知らない教育・学問界

また、学問のほうにも同じような問題があるでしょう。

例えば、「小学校・中学校・高校と、授業料を無償《むしょう》にする」ということを進めています。大学も無償にしたいという話もあるようですが、それは、予算的な問題もあって、そう簡単にはいかないだろうとは思います。

ともかく、無償で教育してくれるのは結構ですが、その結果、唯物論者《ゆいぶつろんしゃ》をたくさんつくって、どうするのでしょうか。そのあとで、怖《こわ》い怖い未来がやってくると思います。

例えば、日教組《にっきょうそ》系の先生がたが、「政教分離《ぶんり》というのがあって、宗教は政治をやってはいけないんだ」というようなことを言えば、子供たちは、それを鵜《う》呑《の》みにして成長し、大人になっても、そう考えてしまうでしょう。もちろん、親のほうも、その程度の理解でいる人は大勢いると思います。

ただ、よく考えていただきたいのですが、日本には「天皇制」というものがあるのです。天皇制とは、日本神道《しんとう》の中心部分であって、これが二千六百七十数年、連綿と続いているわけです。

そして、天皇とは、「日本神道の祭司の長《ちょう》」です。つまり、「宗教家である」ということです。その宗教家としての天皇が、ずっと二千数百年も続いています。さらに、日本国憲法の第一条は、「象徴《しょうちょう》天皇制」について書いてあるわけです。

したがって、「国家と宗教が一緒《いっしょ》になっていない」などということは、まったくの嘘《うそ》でしょう。最初から一緒になっているわけで、「祭政一致《さいせいいっち》」なのです。

ただ、戦前、「国家神道は、宗教ではない。習俗《しゅうぞく》だ」と言って、ほかの宗教は弾圧《だんあつ》された経緯《けいい》があるので、戦後は、そういうことが繰《く》り返されないように、「現実の権力とは密着しないように切り離《はな》しましょう」というようになりました。例えば、「天皇は『国事に関する行為《こうい》』、つまり、かたちの決まった、内容の判断を伴《ともな》わないような行為であれば、行《おこな》ってもよい。しかし、『国政に関する行為』、要するに、実際上、政治や経済の判断を伴うようなことや、外国への交渉《こうしょう》のようなことは、皇室は行ってはならない。それらは、総理大臣が中心になって、内閣が行う」ということになり、そうした制度が、戦後始まっているわけです。

これが、雅子妃《まさこひ》が外交官から皇室に入られて、非常に苦労され、心労《しんろう》された部分ではあります。つまり、「自分の意見を言ってはいけない。判断を言ってはいけない。得意の英語を話して、それを日本の意見だと思われてはならない。だから、出てはいけない」ということで隠《かく》され、そのために苦しみました。

ともかく、「実質上の政治的権力を行使してはいけない」と言われているのは、この部分であって、これが「政教分離」の意味なのです。

国事行為の一つである「新年祝賀の儀」で、衆参両院議長から挨拶を受けられる天皇・皇后両陛下。(2016年1月1日撮影)

しかし、現実に、日本医師会や郵便局長会、あるいは、労組《ろうそ》など、いろいろな団体が、政治に意見を言い、圧力をかけています。そのように、いろいろな団体が意見を言うことは別に構わないわけです。日本においては、職業による差別はありません。したがって、宗教家や宗教団体が意見しても構わないし、現実にやっています。

要するに、そういうことを言っているのですが、教育的には正しく伝えられていないわけです。

自《みずか》らを「国及《およ》びその機関」と思い込《こ》んでいるマスコミ

また、憲法二十条三項では「国及《およ》びその機関は、いかなる宗教的活動もしてはならない」と言っていますが、マスコミは、自分たちのことを「国及びその機関」だと思っているらしく、ずっと宗教を扱《あつか》わないようにしてきています。これは、フェアではありません。

最近、総務大臣に、「公正中立でなかったら、テレビの放送権を取り上げるぞ」などと言われて震《ふる》え上がっていますけれども、「公正中立」の観点からわれわれに言わせてもらえば、メジャー局をはじめ、各局とも放送権が、なくなっているような状態でしょう。

例えば、幸福実現党が、二〇〇九年に初めて選挙を経験したときのことです。

当時は、選挙期間のうちに、党首をしていた人

高市早苗総務相は、政治的公平性に反する放送を繰り返した事業者に電波停止を命じるとした自身の発言について、「憲法に沿った内容だ」と述べ、撤回しない考えを示した。（2016年3月4日撮影）

たちが、あまりの責任の重さに次々と逃《に》げ出してしまい、「私はやらない」と言っていたにもかかわらず、しかたなく党首になりました（笑）。まさか、そこまで行くとは思っていなかったのですが、最初から潰《つぶ》れても困るので、私がやったのです。

それで、京都の駅前で第一声を発したところ、某《ぼう》公共放送が取材に来ており、「実にいい話でした。十二時のニュースと十九時のニュースで流します」と確約しました。ところが、どちらのニュースにも流れなか

2009年8月18日、衆議院選挙公示後の第一声となる街宣を京都駅前で行う大川隆法。

ったのです。「上のほうで抑《おさ》えた」ということでしょう。

しかも、各局全部が〝談合制〟だったのです。私が選挙用の政治の話をしている間、テレビカメラはずっと撮《と》り続けていましたが、どこも流しませんでした。

そういう意味で、マスコミが自分たちを「国及びその機関」だと思っていることは、ほぼ間違《まちが》いがありません。

それは、「報道の自由を自《みずか》ら制限している」ということでもあるでしょう。

やはり、ほかとは違った意見、あるいは、通常まったく出てこないような意見があれば、そのなかには、国民の声として取り上げる余地のあるものもあると思うのです。しかし、そういうものを取り上げることで、周りから批判を受けたり、政府から批判を受けたりするのを恐《おそ》れて、本当のことを言わない体制になっています。
これで、「報道の自由」というなら、まことに悲しいかぎりでしょう。

## 国民の「判断権」や「秘密投票の権利」を奪《うば》っている選挙報道

また、私はマスコミに対して、大きなところほど勇気を持ってほしいと思っているのですが、勇気を持っているのは小さなところばかりです。いつ潰れるか分からないような小さなところほど、「(当会のことを)面白《おもしろ》い」と思って書いてくれるのですが、大きいところほど勇気がありません。

その理由は、なかが「官僚制《かんりょうせい》」になっているからです。役所や大企業《だいきぎょう》とまったく同じで、現場の力が反映されなくなっているのです。

やはり、日本の民主主義をキチッと機能させようと思ったら、現場の記者、あるいは取材班といった人たちが「これは報道したい」というものを、流せるようにならないといけません。そうでなければ、この日本はよくならないと思います。

マスコミが官僚機構のようになって、現場を見てもいない、上のほうが判断し、却下《きゃっか》していくようなシステムでやっていたら、「民主主義を担保《たんぽ》する『言論の自由』『報道の自由』」などと言う資格は、ほとんどないでしょう。これでは、経営権を護《まも》ろうとしているだけであって、保護に値《あたい》しないと思います。

特に、「信教の自由」については、日本国憲法二十条一項《こう》で、「信教の自由は、何人《なんぴと》に対してもこれを保障する」と書いてありますが、「報道の自由は、これを保障する」という文言《もんごん》など、日本国憲法の百三条のなかには入っていません。

そんなことは、どこにも書かれていないのです。

「言論の自由」や「表現の自由」、「出版の自由」があるので、そこから類推されて、「国民の知る権利に奉仕《ほうし》するために、報道の自由というのは当然あるものだ」と、裁判上、解釈《かいしゃく》されてはいます。ただ、そういう「解釈上の権力」であるのです。

ところが、それが非常に大きくなりました。週刊誌などでは、今ぐらいから、すでに次の参院選の「当落予想」まで出してくれていますが、けっこうお節介《せっかい》なことだと思います。まだ、候補者が出揃《でそろ》っていないにもかかわらず、「当落予想」から、「獲得《かくとく》議席数の予想」まで出してあるのです。

なお、残念ながら、幸福実現党は、そのなかに入っていません。しかし、当落予想に入っていないと、世の中の人は、幸福実現党が〝ない〟と勘違《かんちが》いしてしまうでしょう。やはり、そういうことは不公正ではないでしょうか。

実際上、千人か二千人程度のサンプル調査を行い、それで当落予想をしているわけで、サンプルの取り方によっては、どうにでも誘導《ゆうどう》できることになります。自分たちに都合《つごう》のいい方向に誘導しようと思えば、そういうサンプルはつくれるのです。ところが、いったんそれを流したら、多くの人が「本当か」と思って、そちらのほうに引っ張っていかれるわけです。

そういう意味では、実際の投票も〝虚《むな》しく〟されているでしょう。

## 今の日本は、「疑似《ぎじ》民主主義」になっている

テレビの選挙速報でも、「夜八時に投票締切《しめきり》。開票率ゼロパーセント。○○

さん、当選確実です」と出てきます。

しかし、そもそも憲法で言われているのは、「秘密投票」でしょう。誰《だれ》に投票したかは秘密であって、各人が自由なのです。ところが、開けた途端《とたん》に当選が決まっています。いや、実際には、二週間前には、各種調査によって、すでに決まっているのです。

また、二大政党制というのは、「どちらかに入れろ」と言っているようなものので、優勢と判定されたほうに票が入るようになります。これを、「バンドワゴン効果」と言いますが、必ず勝ち馬に入れようとするのです。

しかし、これでは、国民の重要な判断権を奪《うば》っていないでしょうか。

政党の大小は、いろいろあるかもしれませんが、「国民の生活や未来、政治・経済など、大きなものに影響《えいきょう》のあるような争点に関しては、たとえ、どのような政党が言っていたにしても、それについては議論する」という姿勢が、民主主義としては非常に大事だと思うのです。

そうなると、今の日本の民主主義は、「無神論的民主主義」であるか、あるいは、「国家社会主義のなかで、政党政治に見せかけている疑似《ぎじ》民主主義」であると言わざるをえません。

## 5 「崩壊《ほうかい》した社会主義」の後追いをする日本

### 〝地上の楽園〟は北朝鮮《きたちょうせん》ではなく、今の日本

ちなみに、某公共放送では、北朝鮮《きたちょうせん》の方がインタビューを受け、「私たちは地上の楽園に住んでいます」と言っていました。

それを聞いて、「おお、よく言ったものだ」と思いつつ、かつて起きた「よど号ハイジャック事件」を思い出しました。若い方は知らないかもしれませんが、私と同年齢《ねんれい》の方はご存じでしょう。

「北朝鮮では、ハエ一匹《ぴき》、飛んでいない」という話を信じて、よど号をハイジャックし、日本から亡命した赤軍派の人たちがいるのです。彼らは日本に帰ってこられずに、向こうで哀《あわ》れな生活を続けていると思いますが、「北朝鮮は、地上の楽園だ」と思って行ったところ、とんでもないことを経験しました。ただ、現地に住んでいる人のなかには、いまだにそう言っている方もいるわけです。

しかし、そんなことはありません。「地上の楽園」は、日本です。よい意味でも悪い意味でも、日本が〝地上の楽園〟だと思います。

赤軍派にハイジャックされ、北朝鮮の平壌から羽田空港に帰還した日航「よど号」。(1970年4月5日撮影)

日本は、本当に〝いい国家〟でしょう。例えば、一千四十数兆円もの借金をつくってでも（説法当時）、国民に〝ばら撒《ま》いて〟くださるのですから、素晴《すば》らしいかぎりです（会場笑）。民主主義国家をはるかに超《こ》えて、福祉《ふくし》国家も超え、〝超《ちょう》未来国家〟と言えるでしょう。ないお金を一千兆円以上もばら撒いて、国民の福祉と生活を護《まも》ってくださっている、素晴らしい国なのです。

確かに、「将来のことは何も考えていない」とは言えますが、おそらく、「自分の政権の間だけ、もてばよい」と考えているのでしょう。ただ、こんな国は、そうそうあるものではありません。「すごいな」とは思いつつ、「よくもここまでデタラメな経営ができたものだ」と感心します。

## 国家が「道州制」や「地方分権」をしていくことの危険性

また、一部には、「道州制」や「地方分権」を推進している方もいます。政治的にやっている方もいれば、地方でやっている方もいるでしょう。また、マスコミで応援《おうえん》している方もいると思います。

確かに、会社で言うと、そういうふうに分権していくことは悪いことではありません。分権制は自主性を増し、「経営能力の高い人を育てるシステム」としては、非常によい面もあるのです。

ただ、私たちがよく見ておかなくてはいけないのは、政治の部分です。今、国家の機関を、いろいろなところに移設しようとしています。例えば、京都に文化庁の一部を移すとか、徳島《とくしま》に消費者庁の一部を移すとか、いろいろなところにチョコチョコと移そうとしているわけです。

もちろん、そうしたことも、「地方の実情を知る」という意味では、いいことなのだろうと思います。しかし、地方に国の機関が移っても、そこからの報告を受けるために中央にも残っているのであれば、役所が増えていくだけのことでしょう。このあたりをよく知らないといけません。

さらに、今まででであれば、県知事等のレベルですべてを押《お》さえられていたにもかかわらず、この上に国の機関が下りてくるわけです。これでは、気をつけないと、「屋上屋《おくじょうおく》を架《か》す」というかたちで、非常に複雑な権力機構が出来上がっていくでしょう。

経営者であれば分かると思いますが、経営のレベルが何段階も上へ上へ積み上がっていくと、本当に見えなくなるのです。見えなくなって、かたちだけになってくるので、こうしたことは避《さ》けなければいけません。これは、間違《まちが》う可能性が極《きわ》めて高いことでもあるのです。やはり、できるだけ直接的にやれるように、ルートを短くしていく努力をすべきなのです。

## 総理大臣の権力を拡大し、「国家社会主義」に向かっている日本

なお、霞《かすみ》が関《せき》では各省庁が合併《がっぺい》して、かなり大きな省庁ができていますが、実は、中央省庁の役人たちのうち、重要な六百人ぐらいの人事を、内閣官房の「人事局」が握《にぎ》っているのです。

その意味で、財務省の権力は、昔ほど強くありません。要するに、財務省の

幹部級の人事まで、内閣官房の人事局がやれるようになっているわけで、ここには、けっこう怖《こわ》い「二重権力」が発生しています。今までは財務省がいちばん怖かったのですが、内閣官房のなかに、そこの人事を動かしているセクションができたのです。

したがって、日本の総理大臣は、意外に権力者であって、役人のかなり上のほうまで動かせる力を持っていることになります。

先ほど、「国家社会主義」と述べましたが、今まさに、国が考えたように政治や経済を動かしていける状況《じょうきょう》になってきているわけです。

しかし、これはかつて、ソ連で失敗したことでしょう。同じく、中国でも失敗して、鄧小平《とうしょうへい》が市場経済を入れるように変えたのです。

ところが、今、日本では、それをやろうという方向に向いているわけで、これは非常に怖いことでしょう。

もちろん、ピラミッド型の組織をつくっても構いませんが、その中央部分にいる人たちは、「細《こま》かい末端《まったん》の価格」や、「商品のよし悪《あ》し」、あるいは、「その人が仕事ができているかどうか」などということは分かりません。これが、社会主義経済が崩壊《ほうかい》した理由なのです。

例えば、国のレベルで、「最低賃金は、一時間いくら」であるとか、こんなことが決められると思っているのであれば社会主義者でしょう。これは、完全な社会主義者です。

## 「同一賃金」や「マイナス金利」に見る社会主義的な政策

さらに、「（雇用《こよう》について）正規、非正規の違いをなくす」ということまで発信していますが、そうなったら、みなが非正規のレベルの仕事に揃《そろ》っていくでしょう。なぜなら、給料が同じだからです。

やはり、この考えのなかには、「企業《きぎょう》経営の自主権」を奪《うば》うものが入っています。企業は、自分たちで努力して経費を節減し、売上を伸《の》ばし、何とかして利益を出そうとするわけですが、それができないように、できないようにしているのは、実に怖いことでしょう。

「最低賃金を決められる」とか、「株価まで、国家のほうで調整ができる」とかいうのは、中国や北朝鮮、あるいは、かつてのソ連などにかなり近い体質があるわけです。確かに、そう希望する気持ちは分かりますが、現実にコントロールできると思うのであれば、そこには大きな間違いがあります。

例えば、日銀が「マイナス金利」というものを決めました。そして、「銀行に金を置いていても預金に利子がつかないから使うしかないだろう。だから、設備投資を増やせ」といった感じで強制力をかけています。これはもちろん内閣からの力が働いてやっていることでしょう。

それでは、ここに、どんな意味があるのでしょうか。

確かに、政府にとっては、国債《こくさい》の利払《りばら》いは少なくなるというメリットはあるかもしれません。しかし、その次に来るのは、江戸《えど》時代の後半にあったような「借金の踏《ふ》み倒《たお》し」です。その前にあるのが、こうした「利払いを下ろしていく」という段階なのです。

また、国民や企業に、「金を使え」と一生懸命《いっしょうけんめい》に誘導《ゆうどう》していますが、これもまた非常に恐《おそ》ろしいところだと思います。

例えば、設備投資をするかどうかは、企業が自主判断すべきことです。しかし、企業がそうしないのは、「先行きが厳しい」と見ているからでしょう。それにもかかわらず、「しろ」と言い、「しろ」と言われても、なかなか設備投資がなされません。それは、なぜでしょうか。

その理由は、一九九〇年代に、日本の銀行システムが崩壊したことにあります。

かつて、日本の銀行システムは、当時の大蔵省《おおくらしょう》主導の「護送船団方式」により、どこも一律に同じサービスを行うことで、差がつかないようにされていました。

本当に、マッチ箱の大きさから、客に出すお茶の内容まで、大蔵省の銀行局が決めていたのです。これでは、民間と言えないでしょう（笑）。こんなのは企業でも何でもありません。笑い話のようですが、本当にそこまでやるのです。

あるいは、今でも、建設業界であれば、家を建てようとしたら、通常、二年はかかるでしょう。最初の一年は、だいたい設計と、役所の書類審査《しんさ》で終わり、二年目になって、やっと建築にかかれるという状態です。つまり、一年で建つものが二年かかるわけで、役所を通すことによって、それだけ遅《おく》れてしまい、倍ぐらいの工期がかかるようになります。こういう非効率なことがたくさんあるのです。

役所としては、スピードをアップすれば、経済効果としてプラスになると思います。しかし、スピードを遅《おそ》くし、だんだん民間の仕事をできなくする方向でやりつつ、税金を取っているのであれば、これは「役所がマイナスの経済効果を持っていること」を意味するでしょう。

## 憲法に予定されていない権力である「審議会《しんぎかい》政治」

さらに言えば、憲法にはまったく書かれていないにもかかわらず、各種審議《しんぎ》会《かい》が多用されています。

これは、中曽根《なかそね》内閣の臨調《りんちょう》（臨時行政調査会）あたりから、かなり本格化してきましたけれども、小泉《こいずみ》内閣のときにも、審議会がたくさんできました。

要するに、役所が自《みずか》ら行政行為《こうい》として決めるべきことに対し、審議会をつくって、多数の委員を任命します。そして、そこで審議して結論を出し、その勧《かん》告《こく》に基《もと》づいて行うように見せているのです。

こうしたことは、一見、民主主義的かもしれません。裁判所の陪審員制度《ばいしんいんせいど》のようにも見えるでしょう。しかし、こうした審議員を、国民は選べないわけです。役所の推薦《すいせん》によって決まるので、結果的には、役所にとって都合《つごう》のよい結論に持っていけるようなメンバーになります。

さらに、役所は責任を取りません。審議会に判断させて、行政行為として、イエスかノーかを決めます。したがって、行政裁判として役所を訴《うった》えても、役所は、「審議会で審議した結果に基づいてやっている」ということで、役所の責任は問われないのです。そうなると、結果も覆《くつがえ》りません。

こういうかたちで、「憲法上、まったく予定されていなかった力」が発生しているわけです。

例えば、憲法には、「学問の自由」について、「学問の自由は、これを保障する」と書いてあります。何も付《ふ》帯《たい》事《じ》項《こう》はありません。

しかし、この「学問の自由」を決めているのも審議会です。実際、文科省から任命されている審議会のメンバー十人ぐらいで判断しています。

幸福の科学大学（注。現在、「ハッピー・サイエンス・ユニバーシティ」として開学している）の認可に際しても、その十人ぐらいのメンバーを誰《だれ》にするかによって、結論が変わります。つまり、「最初から方向性を決められる」ということです。

幸福の科学に嫉妬《しっと》しそうな、宗教系の大学の総

大学設置分科会会長の守護霊に、審議会政治の実態を聞いた『大学設置審議会インサイド・レポート』（幸福の科学出版刊）。

長などを集めて審議させたら、必ず「否定的な結論」が出るようになるでしょう。そのように操作できるようになっているのです。

ところが、こういうことは、憲法には載《の》っていません。憲法上は、「学問の自由」も「信教の自由」もあるのに、実際には、憲法外のものでやられているわけです。

やはり、こうした非効率なものは、削《そ》ぎ落としていかないと駄目《だめ》でしょう。もう少し、責任を明確化し、結果に責任を取るような行政をしなくてはいけません。さらには、行政の長《ちょう》としての総理大臣の責任も、明確にあるべきだと考えます。

## 6　神仏への信仰《しんこう》を取り戻《もど》せ

### 「判断中止」で学問が成り立っているという現状

とにかく、誠実でなければいけないのではないでしょうか。

そして、その「誠実さ」のもととして、「人間界で決めたものがすべてではないのだ」と認めることが、非常に大事なことなのです。

例えば、現在の「三権分立」など、法による統治の仕方は、カントやモンテスキュー、ルソーといった人たちの思想を源流にしてできてきていることも事実でしょう。また、彼らが、「人間は悪を犯《おか》すことがあるから、理性に基《もと》づいて、国民を護《まも》れるような制度をつくろう」としたことは、そのとおりだとは思います。

しかし、「人間がつくったものが最高だ」という考え方のなかには、やはり、「傲慢《ごうまん》さ」がありますし、たとえ、傲慢ではなくても、そこには「責任回避《かいひ》」があると思うのです。

責任回避とは、要するに、「価値判断をしないこと」です。これを、学問的には「エポケー（判断中止）」と言います。

イマニエル・カント（1724～1804）ドイツの哲学者。理性による批判検討を行う。主著『純粋理性批判』等。

シャルル・ド・モンテスキュー（1689～1755）フランスの哲学者。政治権力を立法・行政・司法に分ける「三権分立論」を提唱。主著『法の精神』等。

ジャン・ジャック・ルソー（1712～1778）フランスの啓蒙思想家。人間の平等と国民主権を主張。主著『社会契約論』等。

これを、国際政治の分野で「戦争」に関して言うと、どうなるでしょうか。戦争が起きた場合、「この戦争は、どちらが正しいのですか。攻撃《こうげき》しているほうですか。攻撃されているほうですか。どちらを護らなくてはいけないのですか。応援《おうえん》しなくてはいけないのですか」という疑問が当然、出てきます。こうしたことは、二国以上の間で戦争が起きた場合、当然出てくるわけです。

そして、国際政治学という学問は、これに答えなくてはいけません。「こちらのほうが侵略《しんりゃく》をしているから、よくない」というような判断をしなくてはいけないのです。

しかし、判断しなければいけないところで、判断から逃《に》げるような学問が出来上がっています。そして、「戦争には、良い戦争も、悪い戦争もないのだ」という考え方を述べるわけです。これで、学問として成り立っていることになっているようですが、これでは「批評家」でしょう。

## 現代では宗教そのもののなかにも「信仰心《しんこうしん》」が失われている

ところが、こうしたことは、国際政治の分野だけで起きているわけではありません。宗教においても同様です。もし、大学で宗教学や仏教学を習ったら、信仰心《しんこうしん》がなくなってしまうでしょう。これは恐《おそ》ろしいことです。

お寺の跡継《あとつ》ぎの息子《むすこ》さんが、仏教系の大学に行くこともあれば、神社の場合、神道《しんとう》系の大学に行くこともあると思います。しかし、そのなかで教えていることは、信仰心のある教義ではありません。むしろ、信仰心をなくし、価値判断ができなくなるような〝洗脳教育〟がなされているのです。

例えば、「神様、仏様はありますか」と訊《き》いたら、「あるかもしれないし、ないかもしれないし、あるようであって、ないようである」という感じで答えます。同じく、「信仰心は要《い》るのですか」と訊けば、「要るようでもあって、要らないようでもある」。「あの世はあるのですか」と訊けば、「あるようでもあるし、ないようでもある」。「魂《たましい》はあるのですか」と訊けば、「あるようでもあって、ないようでもあるし、あるともないとも、どちらとも言えない」と答えるわけです。

このように、全部、価値判断から逃げているのに、学問が成り立っています。はたして、これが本物の学問でしょうか。私は、どう考えてもおかしいと思います。

哲学《てつがく》にしても、そうでしょう。完全に判断から逃げています。

元祖のソクラテスやプラトンは、「魂の存在」や「あの世の存在」をはっきりと肯定《こうてい》し、それが本のなかにも書かれているにもかかわらず、どうやら今の学者には、そこだけ活字が〝読めない〟らしいのです。そこだけ飛ばして、関係のないところだけを読んでいるのかもしれませんが、まことに不思議だと思います。

しかし、「選択《せんたく》する」ということは、実は、ある意味での判断をしているのです。つまり、「責任がかかるようなことは避《さ》ける」という判断をしているわけです。

そういう意味では、学問のほうも、かなり崩壊《ほうかい》が進んでいるでしょう。「学問的崩壊」が起きているのです。

哲学の祖が現代の学問の問題点を明らかにする。
『ソクラテス「学問とは何か」を語る』
（幸福の科学出版刊）

もちろん、政治的にも、「マスコミの部分が官僚《かんりょう》化して機能していない」というかたちで、「民主主義の崩壊」が起きていますし、もしかしたら、「宗教そのもののなかにも、信仰心というものが完全に失われている」という可能性があります。

## 被災地《ひさいち》に現れる「幽霊《ゆうれい》」について答えられない僧侶《そうりょ》たち

例えば、熊本《くまもと》で大地震《おおじしん》があってから、各種宗教も現地に入ってはいるでしょう。東日本大震災のときにも入ったので、今回も入っていると思います。ところが、〝従軍僧侶《そうりょ》〟ならぬ、〝震災僧侶〟という感じで、お寺や神社の人が被災者《ひさいしゃ》の悩《なや》みを聞いてあげるにしても、それで答えになっているのかどうか、私は心配でなりません。老婆心《ろうばしん》ながら、むしろ、相談すると危ないのではないかと思っています。「とりあえず、コーヒーを一杯《ぱい》飲んでください」「お茶を一杯飲んでください」と言って、それで終わりになっているのではないかと思ってしまいます。

やはり、「魂の救済」ができなかったら、宗教として本物ではありません。いくら、形式上、いいことをしても、魂の救済について言えなかったら本物ではないのです。

東日本大震災のときにも、二万人近くの方が亡《な》くなったので、「幽霊《ゆうれい》を見た」という話がたくさんありました。そういうテーマで卒論を書いた人もいると聞きます。

しかし、お寺のお坊《ぼう》さんたちは、「私、幽霊を見ちゃったんです」「家族の幽霊を見ました」「知り合いの幽霊を見ました」と言われても、答えられません。なぜなら、大学等で「霊があるかないか」ということなど、教わっていないからです。読経《どきょう》の仕方など、「作法《さほう》」のようなものを教われば、それで僧侶の資格は取れるのでしょう。しかし、霊については知らないでいます。

こういうかたちで、いろいろなものが進んでいっているのです。

## 未来の姿から今を考える「経済革命」

だからこそ、私たちは、「宗教革命」、すなわち、「霊性《れいせい》革命」と、それから、「政治革命」、「教育革命」の三つを同時に推《お》し進めていかなければなりません。

それに伴《ともな》って、政治に連結した「経済の革命」にも力を入れなくてはいけないと思っています。やはり、経済にも「未来」を見せなければいけないでしょう。

確かに、データに基づいて、「過去にはこうだったから、来年はこうすべきだ」と言うのは簡単ですし、会社や経済団体など、大多数がそうしているとは思います。ただ、データだけに基づいて、未来を読んでは駄目《だめ》なのです。

「未来は、どうなるか」ということを的確に読み、あるいは、「こうなるべきである」というところまで読んで、「そこに持っていくには、どうするか」ということを考えなくてはいけません。「未来から見て、今やらなければならないことは何であるか」ということを見抜《みぬ》いていかねばならないのです。

今、そういう時代が来ています。

そのなかで、「未来のあるべき姿」とは、どういうものでしょうか。

人間の活動はさまざまにあり、経済活動として、必要を満たす行為《こうい》をしているわけですが、特に、「神仏が、『人間社会は、こうあってほしい』と願うような活動」をつくっていくのが大事なのです。これを忘れたら、結局、「正義」というものが立ちません。「何が正しくて、何が間違《まちが》っているか」ということが言えなくなるのです。それは国際政治においても、国内政治においても、あるいは、経済行為においてさえ、正しいか正しくないかが言えなくなってきます。

やはり、神仏があり、基本的な教えがあって、それに則《のっと》って「政治」や「経済」を進めていかなければいけないのです。ですから、ここにおいて、「政教分離《ぶんり》」があってはならないのです。

新しい時代の「経済学」と「繁栄の姿」を示す。『資本主義の未来』（幸福の科学出版刊）

## 7　真なる繁栄《はんえい》を目指せ

### 日本の最高の知性と言われる人たちの「悲しすぎる末路《まつろ》」

言葉を換《か》えれば、「神様の言論を封《ふう》じるなかれ」と申し上げているのです。

日本人は傲慢《ごうまん》になっています。この「傲慢の殻《から》」は、どうしても打ち破る必要があるのです。

私は、三百八十冊以上の霊言集《れいげんしゅう》や、その他の理論書等を合わせて二千書以上を世に問い、「神様・仏様の世界、高級霊の世界、天使の世界がある」ということを、三十年間、ずっと訴《うった》え続けてきました。これを否定できますか。できないでしょう。

先日も、朝日新聞の六代目の主筆だった若宮《わかみや》（啓文《よしぶみ》）氏の霊言を出しました（『元朝日新聞主筆　若宮啓文の霊言』〔幸福の科学出版刊〕参照）。それは、彼が北京《ペキン》で亡《な》くなって二日後の霊言です。彼は、なぜか私のところに来たのですが、死んだことに気がついていません。死んだことを分からないのに、私のところに来ていたのです。

私が、「何をしに来たのか」と訊《き》くと、彼は「説明を求めている」と言いました。しかし、「自分が霊だ」と認めない人に、どのようにこの事実を説明すればいいのでしょうか。私は困りました。

『元朝日新聞主筆　若宮啓文の霊言』
（幸福の科学出版刊）

彼は、「しゃべれる以上は、死んでいない」と言うのです。これを説得するのは大変でしょう。「私は雄弁《ゆうべん》にしゃべっている」と言うのですが、確かに、本一冊分はしゃべりました。そういう意味では、雄弁にしゃべってはいました。

しかし、「しゃべれるから死んでいない」と言い張るのは、「人間が死ぬということは、脳の機能が止まり、脳波が止まって、神経も止まることだ。そして、体が動かなくなり、食べ物を食べられなくなって、口が動かなくなることだ」と思っているからです。

彼は、本一冊分録《と》り終わるまで、そう言い張っていました。これが、「麻布《あざぶ》高校、東大法学部を出て、朝日新聞社に入り、論説委員や主筆を経験した方」の姿です。言ってみれば、日本の言論界のリーダーの一人でしょう。そういう方が、こんなことでは困るのです。

あるいは、立花隆《たちばなたかし》氏なども、同じかもしれません。彼は少しお年を召《め》されて、最近、活躍《かつやく》が減りましたが、「脳死」や「臨死体験」というテーマに一生懸命《いっしょうけんめい》に取り組んでいたので、知っている方も多いでしょう。

ただ、あれだけ脳死や臨死の臨床《りんしょう》体験を集めても、結局は、「脳の側頭葉《そくとうよう》あたりの機能で、あの世の世界を見せられているに違《ちが》いない。最後の苦しみを薄《うす》めるために、脳内モルヒネのようなものが働いて幻覚《げんかく》をつくり出し、天国の姿を映像で見たり、亡くなったおじいちゃんや、おばあちゃんを見たりするような現象が起きているだけにしかすぎないのだ。やはり、あの世はない。死んだら終わりだ」という結論になっているのです。これでは悲しすぎます。いった

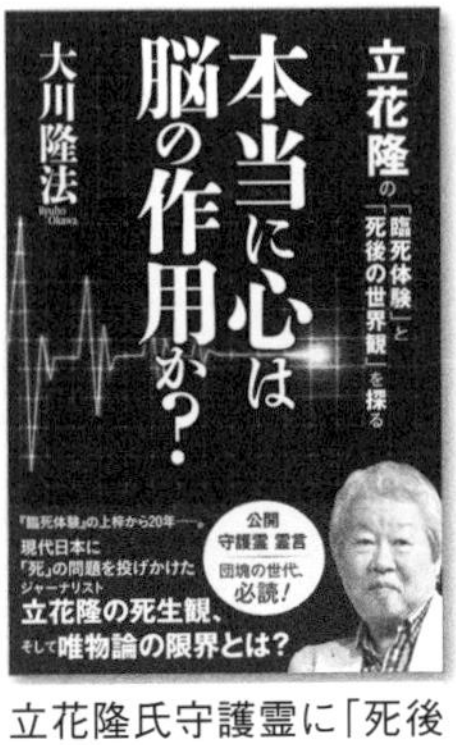


立花隆氏守護霊に「死後の世界観」を聞く。『本当に心は脳の作用か?』(幸福の科学出版刊)

い、何年間研究し、何冊の本を読んで、そんな結論になったのでしょうか。かわいそうでなりません。

要するに、〝最後のひとっ飛び〟ができないのです。それは、「素直《すなお》な心」になれないからなのです。

先ほど述べましたように、若宮氏の霊が、死後二日目には、北京から東京まで来て、霊言ができました。その事実を知るにつけ、やはり、あまりにも悲しいことだと思います。

私は、その本（前掲《ぜんけい》『元朝日新聞主筆　若宮啓文の霊言』）の最後にも、「この本の広告が朝日新聞に載《の》るかどうかを見たら、朝日新聞に言論の自由が残っているかどうかが分かる」というようなことを書きました。

しかし、当会が何回か申請《しんせい》しているにもかかわらず、現時点では、広告は載っていません。一カ月以内に載らなかったら、「朝日新聞は言論の自由を認めていない」と思って結構です。要するに、外向きに言っているだけなのでしょう。

ともかく、「信教の自由」は認められていますし、「学問の自由」だってあるわけです。「あの世はない」と言う宗教があるかどうかは知りませんけれども、学問的にも、宗教的にも、宗教についての本を出すのは、「出版の自由」の一つでありますし、「言論の自由」の一つでしょう。

それを護《まも》るべき新聞社が、実際上、「自分たちに都合《つごう》の悪いことについては、ほっかむりして知らん顔をしている」ということであれば、リーディングカンパニーとして、あるいは、クオリティペーパーとしては悲しすぎると思います。

## 金日成《キムイルソン》の霊でさえ、「幸福の科学が、世界の中心」と語った

やはり、政治だけではなく、マスコミのほうも正直でなくてはいけません。日本でリーダーの立場にある方々は、もっと正直な方向に日本人を引っ張っていき、さらには、世界の人たちを引っ張っていかなくてはいけないのです。

北朝鮮《きたちょうせん》にしても、客観的に見て、「社会主義国」でしょう。「主体《チュチェ》思想」などというように、それとは違う言い方をして、「自主独立してやろう」などと言ってはいますが、内容的には「社会主義」です。朝鮮労働党による一党独裁であり、完全に「社会主義」なのです。

したがって、「労働党のエリートたちだけが、権力とお金に恵《めぐ》まれている政

治」だろうと思います。また、「あの世は基本的になくて構わない」という国です。

しかし、そういうところから、先日、金日成《キムイルソン》の霊が、私のもとを訪《おとず》れました。北朝鮮の初代国家指導者であり、建国の父と言われる方です（『北朝鮮　崩壊《ほうかい》へのカウントダウン　初代国家主席・金日成の霊言』〔幸福の科学出版刊〕参照）。

そのとき私は、「嫌《いや》だから、もういい」と言って、いったん断りました。ところが、「今は、北朝鮮で労働党大会を開いて盛り上がっているし、取材もたくさん来ている。世界からも見張られているので、意見を言う必要があるのだ」と言うのです。そのため、彼の霊言を発刊することにしました。

『北朝鮮 崩壊へのカウントダウン　初代国家主席・金日成の霊言』〔幸福の科学出版刊〕

ただ、そのとき金日成の霊は、決め言葉として、なんと、「幸福の科学が、世界の中心だから」と言ったのです。

さすがに死んでから年数がたっているので、（金日成の霊は自分が）あの世に還《かえ》っていることは知っているのでしょうが、北朝鮮のような、今、当会が批判している国の「建国の父」と言われる方であっても、「幸福の科学が、世界の中心だ」と、はっきりと言いました。

## 神仏の心と一致《いっち》した民主主義こそ「繁栄《はんえい》への道」

そういう意味で、私たちは、「今、自分たちがやっていることが、どれほど大きな影響力《えいきょうりょく》を持っているか」ということに対して、自信を持たねばなりません。

たとえ、現時点で起きていることは少なくても、その勢いが次々と連鎖《れんさ》し、響《ひび》いていくときの大きさには、すごいものがあるのです。

一方で、神様をないがしろにして、「神なんか、いないのだ。人間だけで決められるのだ。数だけが勝負だ。人間の数が、神の代わりなのだ。それが、民主主義なのだ」と思っているのなら、傲慢すぎるでしょう。神様、仏様の側は、「徹底的《てってい》に、人間に反省を迫《せま》る」と思います。

もちろん、人間が神の子、仏の子としての心を宿し、良識的に、良心的に話し合って決めているのなら、あるいは、そちらの方向に導いているのなら、その政治は信頼《しんらい》できるかもしれません。

しかし、「人間は神の子、仏の子だ」ということを忘れ去り、「数だけで決めたら、それが正しくて、正義であり、未来はその方向に行くべきだ」と考えているのならば、神様、仏様は黙《だま》っていないでしょう。これが今、（天変地異等で）出てきている現象です。

したがって、私たちは、そのニーズにも応《こた》えます。

もともと、「国民主権」といっても、国民に委《ゆだ》ねられた主権は、「国民を構成している人間たちが、神、仏から、その尊い命を与《あた》えられているからこそそのもの」です。そして、「その多くを護り、その多くを繁栄《はんえい》させる行為《こうい》は、神様、仏様の願うところと一致《いっち》するはずだ」という考えがそこにあるのです。

私は、民主主義は認めた上で、その方向に持っていきたいと思っています。それは、最終的に、「民主主義的な多数決」が、「神仏の心」と一致しなければいけないと思っているからです。

そのために、幸福実現党もつくられました。

確かに、まだ、現実の力としては少ないかもしれません。また、今日の講演会の参加者のなかには、二十五年前に、ここで私の話を聴《き》かれた方もいるでしょう。そのときには宗教の話が中心だったため、「あとから政治の運動をやられても困る。自分は、政治選択《せんたく》で入ったわけじゃないのだ」という方も、おそらくいるとは思います。

しかしながら、宗教が正しい教えや考え方を世の中に広げようとするならば、政治的にも「防《ぼう》波《は》堤《てい》」が必要なのです。

外国には、当然、宗教政党があります。ヨーロッパにもありますし、ほかの国にもあるのです。やはり、宗教的政党はあるわけです。

幸福実現党の立党趣旨を明示した一冊。
『幸福実現党宣言』
（幸福の科学出版刊）

また、アメリカは、〝国教〟としてキリスト教を認めた上でやっています。それがもとにあって、民主主義政治があるのです。ところが、日本には、〝GHQ憲法〟によっても、この部分だけは移植されませんでした。「宗教がもとにあって、民主主義政治がある」というところだけは入れなかったのです。要するに、ここは法が欠けている部分なので、何とかして足さねばなりません。

したがって、幸福実現党が前進し、発展していくことは、幸福の科学の発展にとってもプラスですけれども、「正しい宗教すべてにとって、発展・繁栄の道なのだ」ということを、私は明言しておきたいと思います。

そして、「世界にある無神論・唯物論《ゆいぶつろん》の国の繁栄は、そろそろ終わりにさせていただきたい」と、心から思っているのです。

やはり、自分よりも優《すぐ》れたるもの、神仏というものの存在を認め、人間の非や間違いを正し、自分を日々に正して、正しい方向に向かって発展・繁栄していくことです。それを目指す国家を世界につくっていくことこそ、幸福の科学や幸福実現党の目指すべき未来でなければなりません。

その道に向かって頑張《がんば》りましょう！

大阪《おおさか》も中心になって、きっと頑張ってくれることと思います。

みなさん、やっていきましょう！

ありがとうございました。

# あとがき

安倍政権は、消費税の再増税を二年半延ばし、衆参同時選も見送って、「アベノミクスは失敗していない。」と言い続けて参院選に突入するようである。幸福実現党の消費増税反対の主張や熊本大地震の神意による警告を、かなり真実性をもって受けとめたようである。

しかし本書には、まだまだマスコミの報じていない大切な論点が織り込まれている。一つは、一〇〇〇兆円を超える財政赤字は、国民の借金ではなく、自民党が選挙で勝ち続けるシステムとしての公的バラまき買収の結果であったこと。もう一つは、明治維新の志士なら、「北朝鮮の核開発」や「中国の覇権《はけん》主義」に対して決して黙っていないこと。

伊勢志摩《いせしま》サミットとオバマ米大統領の広島小演説《しょうえんぜつ》は、好感をもって受けとめた方も多かろうが、日本は抑止力《よくしりょく》としての核防衛《かくぼうえい》の手足を縛《しば》られ、アメリカには、北朝鮮と中国の脅威《きょうい》から日本を守らない口実《こうじつ》が与えられたことを忘れてはなるまい。「アベノミクス」が「アベノリスク」であるとの疑いも残った。甘美な言葉で、国民を欺《あざむ》く姿勢が印象的《いんしょうてき》だった。

二〇一六年　五月三十一日

幸福《こうふく》の科学《かがく》グループ創始者兼総裁《そうししゃけんそうさい》

幸福実現党創立者兼総裁《こうふくじつげんとうそうりつしゃけんそうさい》　大川隆法《おおかわりゅうほう》

## 『正義と繁栄』大川隆法著作関連書籍

『太陽の法』（幸福の科学出版刊）
『世界を導く日本の正義』（同右）
『真の平和に向けて』（同右）
『自由を守る国へ』（同右）
『資本主義の未来』（同右）
『熊本震度7の神意と警告』（同右）
『フィリピン巨大台風の霊的真相を探る』（同右）
『広島大水害と御嶽山噴火に天意はあるか』（同右）
『阿蘇山噴火リーディング』（同右）

『大震災予兆リーディング』(同右)
『箱根山噴火リーディング』(同右)
『金正日守護霊の霊言――日本侵略計画(金正日守護霊) vs. 日本亡国選択(鳩山由紀夫守護霊)――』(同右)
『北朝鮮・金正恩はなぜ「水爆実験」をしたのか』(同右)
『大学設置審議会インサイド・レポート』(同右)
『本当に心は脳の作用か?
――立花隆の「臨死体験」と「死後の世界観」を探る――』(同右)
『元朝日新聞主筆　若宮啓文の霊言』(同右)
『北朝鮮 崩壊へのカウントダウン　初代国家主席・金日成の霊言』(同右)
『「集団的自衛権」はなぜ必要なのか』(幸福実現党刊)

正義《せいぎ》と繁栄《はんえい》 ──幸福実現革命を起こす時──

2016年6月10日　初版第1刷

著　者　　大《おお》川《かわ》隆《りゅう》法《ほう》

発行所　　幸福の科学出版株式会社

〒107-0052 東京都港区赤坂2丁目10番14号
TEL(03)5573-7700
http://www.irhpress.co.jp/

印刷・製本　株式会社 堀内印刷所

落丁・乱丁本はおとりかえいたします

ISBN978-4-86395-801-2 C0030
本文写真：時事通信フォト／Photoshot 時事通信フォト／AFP＝時事／時事

## 大川隆法 霊言シリーズ・自民党政治家たちの本心

### 天才の復活 田中角栄の霊言

田中角栄ブームが起きるなか、ついに本人が霊言で登場! 景気回復や社会保障問題など、日本を立て直す「21世紀版 日本列島改造論」を語る。【HS政経塾刊】

1,400円

---

### 自民党諸君に告ぐ 福田赳夫の霊言

経済の「天才」と言われた福田赳夫元総理が、アベノミクスや国防対策の誤りを叱り飛ばす。田中角栄のライバルが語る"日本再生の秘策"とは!?【HS政経塾刊】

1,400円

---

### 政治家が、いま、考え、なすべきこととは何か。元・総理　竹下登の霊言

消費増税、マイナンバー制、選挙制度、マスコミの現状……。「ウソを言わない政治家」だった竹下登・元総理が、現代政治の問題点を本音で語る。【幸福実現党刊】

1,400円

---

### 宮澤喜一 元総理の霊言

**戦後レジームからの脱却は可能か**

失われた20年を招いた「バブル潰し」。自虐史観を加速させた「宮澤談話」──。宮澤喜一元総理が、その真相と自らの胸中を語る。【幸福実現党刊】

1,400円

※表示価格は本体価格(税別)です。

## 大川隆法霊言シリーズ・維新はいかにして成功したか

### 坂本龍馬 天下を斬る!

**日本を救う維新の気概**

日本国憲法は「廃憲」し、新しく「創憲」せよ! 混迷する政局からマスコミの問題点まで、再び降臨した坂本龍馬が、現代日本を一刀両断する。【幸福実現党刊】

1,400円

### 吉田松陰「現代の教育論・人材論」を語る

「教育者の使命は、一人ひとりの心のロウソクに火を灯すこと」。維新の志士たちを数多く育てた偉大な教育者・吉田松陰の「魂のメッセージ」!

1,500円

### 心を練る 佐藤一斎の霊言

幕末の大儒者にして、明治維新の志士たちに影響を与えた佐藤一斎が、現代の浅薄な情報消費社会を一喝し、今の日本に必要な「志」を語る。

1,400円

### わかりやすく読む「留魂録」

**なぜ吉田松陰は神となったか**

**大川咲也加　著**

松陰の遺言、その精神が現代によみがえる——。迫りくる外国からの侵略危機のなか、若き志士たちを革命家へと変えた松陰の「言魂」が、ここに。

1,500円

幸福の科学出版

## 日本建国の原点

### この国に誇りと自信を

二千年以上もつづく統一国家を育んできた神々の思いとは——。著者が日本神道・縁《ゆかり》の地で語った「日本の誇り」と「愛国心」がこの一冊に。

1,800円

## 天照大神《あまてらすおおみかみ》の未来記

### この国と世界をどうされたいのか

日本よ、このまま滅びの未来を選ぶことなかれ。信仰心なき現代日本に、この国の主宰神・天照大神から厳しいメッセージが発せられた！

1,300円

## 神武天皇は実在した

### 初代天皇が語る日本建国の真実

神武天皇の実像と、日本文明のルーツが明らかになる。現代日本人に、自国の誇りを取り戻させるための「激励のメッセージ」！

1,400円

※表示価格は本体価格（税別）です。

## 大川隆法 ベストセラーズ・幸福実現革命を目指して

# 幸福実現革命

### 自由の風の吹かせ方

いま、日本に「幸福実現革命」が起こる！国防危機・経済不況・教育問題――国師と加藤文康《ぶんこう》研修局長（当時）との対談で、この国に自由の風が吹く。【幸福実現党刊】

1,400円

---

# 政治革命家・大川隆法

### 幸福実現党の父

未来が見える。嘘をつかない。タブーに挑戦する――。政治の問題を鋭く指摘し、具体的な打開策を唱える幸福実現党の魅力が分かる万人必読の書。

1,400円

---

# 父が息子に語る「政治学入門」

### 今と未来の政治を読み解くカギ

**大川隆法　大川裕太　共著**

「政治学」と「現実の政治」はいかに影響し合ってきたのか。両者を鳥瞰しつつ、幸福の科学総裁と現役東大生の三男が「生きた政治学」を語る。

1,400円

## 最新刊

# 正しき革命の実現

**大川真輝　著**

今こそ戦後の洗脳を解き、「正しさの柱」を打ち立てるべき時！　天意としての「霊性革命」「政治革命」「教育革命」成就のための指針を語る。

1,300円

# 財政再建論　山田方谷ならどうするか

「社会貢献なき者に、社会保障なし!」破綻寸前の備中松山藩を建て直し、大実業家・渋沢栄一にも影響を与えた「財政再建の神様」が政府を一喝。

1,400円

# 守護霊インタビュー　都知事　舛添要一、マスコミへの反撃

突如浮上した金銭問題の背後には、参院選と東京五輪をめぐる政界とマスコミの思惑があった!? 報道からは見えてこない疑惑の本質に迫る。

1,400円

※表示価格は本体価格（税別）です。

## 大川隆法ベストセラーズ・地球レベルでの正しさを求めて

# 正義の法

法シリーズ
第22作

**憎しみを超えて、愛を取れ**

テロ事件、中東紛争、中国の軍拡――。あらゆる価値観の対立を超える「正義」とは何か。著者2000書目となる「法シリーズ」最新刊！

2,000円

# 世界を導く日本の正義

20年以上前から北朝鮮の危険性を指摘してきた著者が、抑止力としての日本の「核装備」を提言。日本が取るべき国防・経済の国家戦略を明示した一冊。

1,500円

# 現代の正義論

**憲法、国防、税金、そして沖縄。**
**――『正義の法』特別講義編**

国際政治と経済に今必要な「正義」とは――。北朝鮮の水爆実験、イスラムテロ、沖縄問題、マイナス金利など、時事問題に真正面から答えた一冊。

1,500円

# 幸福の科学グループのご案内

**宗教、教育、政治、出版などの活動を通じて、地球的ユートピアの実現を目指しています。**

## 幸福の科学

一九八六年に立宗。信仰の対象は、地球系霊団の最高大霊、主エル・カンターレ。世界百カ国以上の国々に信者を持ち、全人類救済という尊い使命のもと、信者は、「愛」と「悟り」と「ユートピア建設」の教えの実践、伝道に励んでいます。

（二〇一六年六月現在）

## 愛

幸福の科学の「愛」とは、与える愛です。これは、仏教の慈悲《じひ》や布施《ふせ》の精神と同じことです。信者は、仏法真理をお伝えすることを通して、多くの方に幸福な人生を送っていただくための活動に励んでいます。

## 悟り

「悟り」とは、自らが仏の子であることを知るということです。教学《きょうがく》や精神統一によって心を磨き、智慧《ちえ》を得て悩みを解決すると共に、天使・菩薩《ぼさつ》の境地を目指し、より多くの人を救える力を身につけていきます。

## ユートピア建設

私たち人間は、地上に理想世界を建設するという尊い使命を持って生まれてきています。社会の悪を押しとどめ、善を推し進めるために、信者はさまざまな活動に積極的に参加しています。

国内外の世界で貧困や災害、心の病で苦しんでいる人々に対しては、現地メンバーや支援団体と連携して、物心両面にわたり、あらゆる手段で手を差し伸べています。

年間約３万人の自殺者を減らすため、全国各地で街頭キャンペーンを展開しています。

公式サイト　**www.withyou-hs.net**

ヘレン・ケラーを理想として活動する、ハンディキャップを持つ方とボランティアの会です。視聴覚障害者、肢体不自由な方々に仏法真理を学んでいただくための、さまざまなサポートをしています。

公式サイト　**www.helen-hs.net**

INFORMATION

お近くの精舎・支部・拠点など、お問い合わせは、こちらまで！

**幸福の科学サービスセンター**

**TEL. 03-5793-1727**（受付時間 火〜金：10〜20時／土・日・祝日：10〜18時）

**幸福の科学 公式サイト happy-science.jp**

## 教育

### 学校法人 幸福の科学学園

学校法人 幸福の科学学園は、幸福の科学の教育理念のもとにつくられた教育機関です。人間にとって最も大切な宗教教育の導入を通じて精神性を高めながら、ユートピア建設に貢献する人材輩出を目指しています。

**幸福の科学学園**

**中学校・高等学校（那須本校）**
2010年4月開校・栃木県那須郡（男女共学・全寮制）
TEL **0287-75-7777**
公式サイト **happy-science.ac.jp**

**関西中学校・高等学校（関西校）**
2013年4月開校・滋賀県大津市（男女共学・寮及び通学）
TEL **077-573-7774**
公式サイト **kansai.happy-science.ac.jp**

**仏法真理塾「サクセスNo.1」** TEL **03-5750-0747**（東京本校）
小・中・高校生が、信仰教育を基礎にしながら、「勉強も『心の修行』」と考えて学んでいます。

**不登校児支援スクール「ネバー・マインド」** TEL **03-5750-1741**
心の面からのアプローチを重視して、不登校の子供たちを支援しています。
また、障害児支援の **「ユー・アー・エンゼル!」運動**も行っています。

**エンゼルプランV** TEL **03-5750-0757**
幼少時からの心の教育を大切にして、信仰をベースにした幼児教育を行っています。

**シニア・プラン21** TEL **03-6384-0778**
希望に満ちた生涯現役人生のために、年齢を問わず、多くの方が学んでいます。

**NPO 活動支援**

ブログ **blog.mamoro.org**

学校からのいじめ追放を目指し、さまざまな社会提言をしています。また、各地でのシンポジウムや学校への啓発ポスター掲示等に取り組む一般財団法人「いじめから子供を守ろうネットワーク」を支援しています。

公式サイト **mamoro.org**
相談窓口 **TEL.03-5719-2170**

# 政治

## 幸福実現党

内《ない》憂《ゆう》外《がい》患《かん》の国難に立ち向かうべく、二〇〇九年五月に幸福実現党を立党しました。創立者である大川隆法党総裁の精神的指導のもと、宗教だけでは解決できない問題に取り組み、幸福を具体化するための力になっています。

幸福実現党 釈量子サイト
shaku-ryoko.net

Twitter
釈量子@shakuryoko
で検索

党の機関紙
「幸福実現NEWS」

## 幸福実現党 党員募集中

### あなたも幸福を実現する政治に参画しませんか。

- ○幸福実現党の理念と綱領、政策に賛同する18歳以上の方なら、どなたでも党員になることができます。
- ○党員の期間は、党費（年額 一般党員5千円、学生党員2千円）を入金された日から1年間となります。

### 党員になると

党員限定の機関紙が送付されます。（学生党員の方にはメールにてお送りします）

申込書は、下記、幸福実現党公式サイトでダウンロードできます。

住所:〒107-0052
東京都港区赤坂2-10-8 6階
幸福実現党本部

TEL 03-6441-0754
FAX 03-6441-0764
公式サイト hr-party.jp
若者向け政治サイト truthyouth.jp

## 出版メディア事業

# 幸福の科学出版

大川隆法総裁の仏法真理の書を中心に、ビジネス、自己啓発、小説など、さまざまなジャンルの書籍・雑誌を出版しています。他にも、映画事業、文学・学術発展のための振興事業、テレビ・ラジオ番組の提供など、幸福の科学文化を広げる事業を行っています。

アー・ユー・ハッピー？
**are-you-happy.com**

ザ・リバティ
**the-liberty.com**

幸福の科学出版
TEL **03-5573-7700**
公式サイト **irhpress.co.jp**

THE FACT
**ザ・ファクト**
マスコミが報道しない「事実」を世界に伝えるネット・オピニオン番組

Youtubeにて随時好評配信中！

ザ・ファクト　検索

NEW STAR PRODUCTION

# ニュースター・プロダクション

ニュースター・プロダクション（株）は、世界を明るく照らす光となることを願い活動する芸能プロダクションです。二〇一六年三月には、ニュースター・プロダクション製作映画「天使に〝アイム・ファイン〟」を公開。

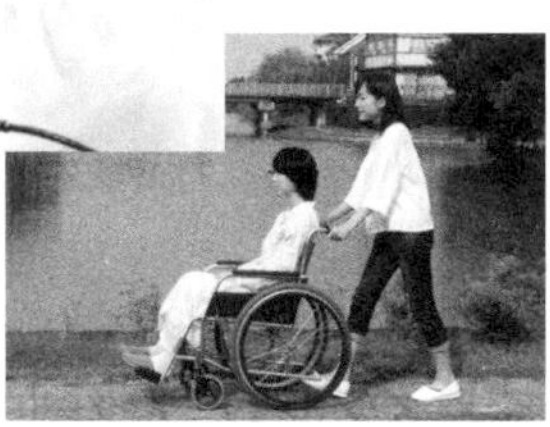

映画「天使に〝アイム・ファイン〟」のワンシーン（下）と撮影風景（左）。

公式サイト
**newstar-pro.com**